U0772059

大连东北亚国际航运中心与国际物流中心建设案例集

主编 / 匡海波　贾鹏　冯晓玲

大连海事大学出版社

DALIAN MARITIME UNIVERSITY PRESS

ⓒ 匡海波　贾　鹏　冯晓玲 2024

图书在版编目（CIP）数据

大连东北亚国际航运中心与国际物流中心建设案例集 /
匡海波，贾鹏，冯晓玲主编. — 大连：大连海事大学出
版社，2024. 9. — ISBN 978-7-5632-4598-7

Ⅰ. F259.1

中国国家版本馆 CIP 数据核字第 2024GP9486 号

大连海事大学出版社出版

地址：大连市黄浦路523号　邮编：116026　电话：0411-84729665（营销部）　84729480（总编室）

http://press. dlmu. edu. cn　E-mail：dmupress@ dlmu. edu. cn

大连金华光彩色印刷有限公司印装　　　　　　　**大连海事大学出版社发行**

2024 年 9 月第 1 版　　　　　　　　　　　　　2024 年 9 月第 1 次印刷

幅面尺寸：184 mm×260 mm　　　　　　　　　　印张：11.75

字数：260 千　　　　　　　　　　　　　　　　印数：1~700 册

出版人：刘明凯

责任编辑：刘长影　　　　　　　　　　　　　　责任校对：任芳芳

封面设计：解瑶瑶　　　　　　　　　　　　　　版式设计：解瑶瑶

ISBN 978-7-5632-4598-7　　　　定价：59.00 元

合作单位：

（1）大连东北亚国际航运中心研究院(辽宁省委省政府决策咨询委员会重点新型智库、大连市委市政府决策咨询委员会重点新型智库)

（2）教育部科技部港航企业绿色增长及价值链重构学科创新引智基地

（3）综合交通运输智能技术与装备教育部工程研究中心

（4）辽宁省综合交通运输大数据重点实验室

（5）大连海事大学综合交通运输协同创新中心(辽宁省高等学校协同创新中心)

（6）辽宁省高等学校综合交通运输国际教育合作平台

（7）辽宁省专业学位研究生联合培养示范基地

（8）中国系统工程学会港航经济系统工程专业委员会

（9）中国优选法统筹法与经济数学研究会多式联运分会

（10）大连海事大学绿色港航经济研究院(辽宁省高等学校新型智库)

（11）大连市多式联运智慧运营工程技术研究中心

（12）大连市智能物流运载单元装备工程研究中心

《大连东北亚国际航运中心与国际物流中心建设案例集》

编 委 会

主　编　匡海波　贾　鹏　冯晓玲

编　委　乔雪晶　李瑞剑　韩　冰　赵　萌

　　　　卢志峰　金兆星　刘赫亮　王　霏

　　　　赵　雪　殷明志　辛洪福　任　刚

　　　　吴毅刚　李　岩　崔鹏伟　蓝运昶

　　　　王成璞　王　阳①　赵振宇　李　豪

　　　　张安超　潘　军　徐光辉　宋　莹

　　　　曾若鸿　李　金　王　阳②　于贵勋

　　　　李　非　庆建辉　曹　捷　马会普

　　　　董学斌　张荣鑫　徐　峰　郝媛媛

　　　　何　英　刘宏慧

注:①王阳:大连海事局;②王阳:大连俱进汽贸运输有限公司。

前　言

　　2013 年 8 月,习近平总书记在辽宁考察时指出:"辽宁沿海经济带要充分发挥区位和先发优势,突出大连东北亚国际航运中心、国际物流中心、区域性金融中心的带动作用,进一步建成产业结构优化的先导区、经济社会发展的先行区,坚持陆海统筹,以辽宁沿海经济带发展促进老工业基地振兴。"在过去的十年里,大连市深入学习贯彻习近平总书记关于东北、辽宁振兴发展的重要讲话和指示批示精神,在党中央及辽宁省委的坚强领导下,坚持优化整合发展要素,科学调度、超前规划、稳步推进、高效落实,高质量地建设大连东北亚国际航运中心与国际物流中心。

　　大连东北亚国际航运中心与国际物流中心(以下简称"双中心")是我国重要的航运和物流中心,也是连接东北亚地区及全球的重要枢纽。"双中心"的发展对于推动区域经济的发展、加强区域间的联系和合作、提升大连国际化程度等具有重要的意义。本书收录了政府部门、社会组织、企业和个人在各个方面推进"双中心"发展的案例,旨在帮助读者深入了解"双中心"的发展状况和发展方向,以及为相关部门、企业等提供参考。

　　本书分为四章。第一章介绍了航运与物流发展模式的创新,涵盖了市场化机制、智慧化改造、战略合作等多个方面,展示了行业发展的最新动态和趋势。第二章介绍了海事服务的优化,涉及进口汽车智能化监管、物流信息化监管等多个方面,展示了海事服务的最新发展和创新成果。第三章介绍了典型的物流服务案例,包括粮食物流通道安全高效运转、石化制造业物流供应链构建等多个方面,并探讨创新发展模式在物流服务中的应用和趋势。第四章介绍了智能科技在航运和物流中的应用,涉及船舶生活污水监控系统设计应用实验、新能源技术助力航运高质量发展等多个方面,并探讨了智能科技在航运与物流行业中的发展趋势和应用前景。

　　本书的编写得到了大连市政府、大连海事局、大连东北亚国际航运中心研究院、辽宁港口集团有限公司等单位的大力支持和帮助,在此向他们表示衷心的感谢。同时,我们也要感谢所有为本书提供案例和资料的政府部门、社会组织、企业和个人。

"长风破浪会有时,直挂云帆济沧海。"值此"双中心"成立十周年之际,衷心祝愿"双中心"发展得越来越好!

编　者
2024 年 8 月

目　录

第一章

创新模式推动航运与
物流发展

随着全球经济的不断发展和国际贸易的日益繁荣,航运与物流行业面临着巨大的机遇和挑战。为了提升竞争力,政府部门、港口集团等开始探索创新模式,以推动行业的发展。这些创新模式不仅有助于提高效率、降低成本,还可以提升服务质量和客户体验感。

本章介绍了一些创新模式推动航运与物流发展的案例。这些案例涵盖了市场化机制、智慧化改造、战略合作等多个方面,展示了行业发展的最新动态和趋势。

大连港集团积极运用市场化机制
探索国内集装箱码头股权整合新路径

乔雪晶 大连港集发物流有限责任公司

李瑞剑 辽宁港口集团有限公司办公室

摘 要: 近年来,全球航运市场比较低迷,航运企业之间构建行业联盟趋势明显,整合现象弥漫在整个航运产业链。大连港集团审时度势,以股权为纽带,加速构建行业联盟,深化产业链协同。大连港集团坚持自我定位与行业需求相结合,通过精准施策,不仅完成了集装箱码头股权的有效整合,还实现了管理机制的现代化转型,为国内港口行业探索出转型升级、优化资源配置、提升综合竞争力的全新路径。

关键词: 大连港集团;集装箱码头;股权整合

近年来,全球经济复苏进程相对迟缓,国内经济运行进入新常态,国际各大班轮公司纷纷组建航运联盟,集装箱运输船舶日趋大型化。大连港集团紧跟国际航运发展的形势变化,针对大窑湾第一、二、三期集装箱码头单体规模有限、岸线堆场资源利用不均衡、服务标准存在差异、码头运营成本相对较高等制约集装箱业务高速发展和进一步提升核心竞争力的一系列问题,在大连市委市政府的指导和支持下,坚持改革创新和综合施策,以股权投资和股权整合为主要突破方向,运用市场化机制积极推进企业混合所有制改革和国有资本管理机制创新,顺利完成集装箱码头股权整合工作,成功探索出国内港口转型升级、提质增效发展的全新路径。这也是辽宁自贸试验区大连片区落实老工业基地结构调整及国资国企改革任务的典型案例之一,具有较强的示范借鉴意义。目前,天津、山东、江苏、浙江等多地港口集团或企业多次来连深度考察学习大连港集装箱码头整合经验。该案例为下一步国内港口整合提供了成功经验,具有较强的参考借鉴和复制推广价值。

一、主要做法

在本次整合前,大连港集团先后与国内外相关投资方设立了3家集装箱码头公司,建成了大窑湾第一、二、三期集装箱码头。3家合资公司股权结构如下。

图1　原一期码头(大连集装箱码头有限公司)(1996年6月设立)股权比例

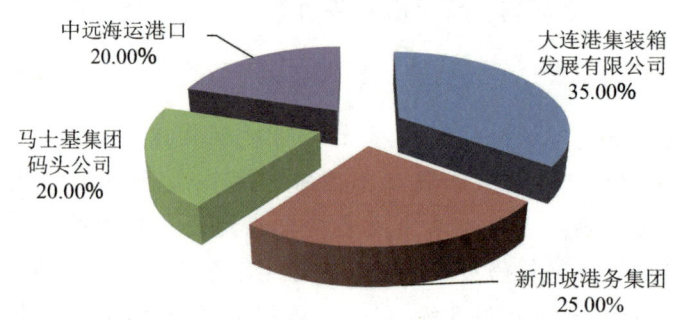

图2　原二期码头(大连港湾集装箱码头有限公司)(2004年9月设立)股权比例

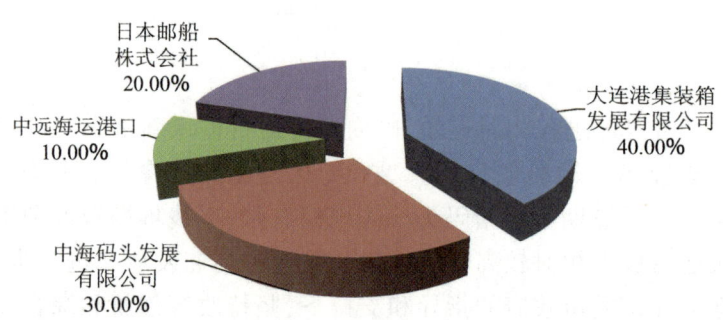

图3　原三期码头(大连国际集装箱码头有限公司)(2007年10月设立)股权比例

由于各期集装箱码头股比差异,不同的股东对码头整合诉求不同,各期码头经营状况和盈利水平存在差距,且基于马士基集团全球战略调整要求退出等因素,故本次股权整合方案设计难度极大,必须综合考虑股权退出机制等多方面问题和多层面矛盾。大连港集团结合企业定位、行业特点、发展阶段、行业竞争、制约条件等重点问题,在推进本次股权整合过程中主要采取如下做法:

(一)项目管理模式

本次集装箱码头股权整合项目实施进展不仅受各股东内部决策程序的制约,也面临商务部反垄断审查、新码头公司工商变更登记及多个环节政府审批程序的影响。为确保实现项目进度目标,在项目启动初期和股权交割后期采取两种不同的项目管理模式。在项目启动初期,成立由各股东方授权代表组成的股东方项目领导小组和以集团项目人员为核心的工作小组,股东方项目领导小组和集团项目工作小组合署办公,实现信息充分沟通,及时解决问题,促进更快达成共识。同时引入第三方咨询机构全程参与,利用咨询机构专业力量对项目方案策划给予支持。咨询机构对项目实施进程进行统筹集成管理并提出方案建议,实施协调工作更易被各方股东所接受。在项目股权交割阶段,及时成立新公司筹备组,筹备组领导小组成员由未来新公司的高管组成,筹备组项目工作小组由未来新公司的部门管理人员组成,筹备组与项目工作小组共同推进整合项目的收尾阶段工作。这种方式将运营管理与项目实施过程集成,让新公司切实领会并有效贯彻股权整合项目的战略意图,从而让项目在未来的运营过程中能够有效实现整合的预期目标。

(二)整合方案设计

本次项目整合的资产总值和经营差异较大,设计股权整合方案时需考虑财务、税务、法律、业务等多方面因素,需汇集财税、法务、资本管理、港口运营等不同专业领域知识。为确保方案设计合理可行,大连港集团构建由我方港口运营和管理专业人员、咨询机构财税和法律专业人员、股东方投资管理专业人员共同组成的方案设计团队,基于"一个主体""税负相对较低""整体效益高""满足整合时间要求"等四个因素,提出吸收合并、股权出资、资产出资等整合方式,通过股权、税务、法律、运营、时间等多维度的综合考量,先后设计出十余种不同的股权整合备选方案,并最终确定"一期集装箱码头公司吸收合并另外两个码头公司"这个相对最为科学合理的股权整合方案。

(三)股东商务会谈

以坚持大连港集团核心诉求为基础、集成各方股东和利益诉求为基本原则,开展与各方股东的市场化商务谈判,包括评估方式选择、评估结果确认、董事会议事规则以及"董监高"人员配置等事项。其中,在议事规则层面,将相关非重大决策事项争取放置在整合后的合资公司经营层面议定,在很大程度上促成各方股东商务会谈更快达成共识。

(四)项目风险防控

本次集装箱码头整合项目历经股东磋商、框架方案制定、资产审计评估、反垄断审查等诸多环节,且在股东磋商阶段,必须同步实施对马士基集团退股的收购以及码头公司"合三为一"两个项目的市场化商务谈判。为了能够确保本次项目如期完成,必须在三个层面统筹集成推进:一是将码头股权项目整合层面的决策环节与码头业务操作层面的决策环节集成;二是将一方股东退股商务谈判与码头股权整合商务谈判环节集成;三是将外部审批程序与内部运营筹备工作集成等。同时,还需建立完善的预警机制,对各个环节进行有效风控,严格按照计划敦促推进各个项目周期阶段工作,确保各分项、各环节紧密衔接。在大连市委市政府的指导和相关股东方的支持下,2017年8月10日,在大连棒棰岛国宾馆成功举办了项目签约仪式。同年11月,整合后的新公司——大连集装箱码头有限公司重新挂牌运营。整合后各方股权比例为:大连港集装箱发展有限公司占48.15%,新加坡港务集团占26.00%,中远海运港口占19.00%,日本邮船株式会社占6.85%。

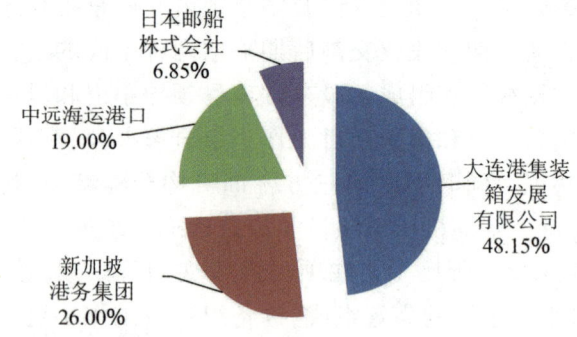

图 4　整合后的大连集装箱码头有限公司(2017 年 11 月设立)股权比例

二、实践效果

在"一带一路"倡议、"国资国企改革"等宏观战略背景下,我国港口行业在经历了持续数年吞吐量增长逐步放缓之后,也终于迎来新的市场机遇,港口企业集团重组成为航运业发展的大势所趋。

本案例充分运用市场化机制,开启了国内港口多层次、多元化股权整合的先河,成功探索出国内集装箱码头股权整合的全新路径,并形成了可参考借鉴和复制推广的成功经验。大连集装箱码头有限公司成功实现股权整合之后,引起业内持续广泛关注,全国多地面临类似问题的港口企业已多次来连学习大连港成功经验,凸显了该模式具有良好的示范效应和推广价值。

大连集装箱码头有限公司在整个股权整合期间业务运转正常,人员安排妥当,风险防控得力,且由于时间节点把握得当,也享受到了相关税收政策支持。整合后企业效益提升显著,新码头堆场总面积超过 340 万 m²,顺岸布置 18 个专业集装箱泊位(目前投入使用 14 个),其中可以靠泊全球最大的集装箱"航母"——20 万 t 集装箱船舶的深水泊位有 5 个,公司拥有覆盖全球的 100 多条航线,遍布 160 个国家和地区的 300 余个港口。通过共享资源、优化配置、盘活资产等综合措施,大连集装箱码头有限公司运营成本降低约 5 000 万元/年。船舶整体即到即靠率提升 3%,客户在港单笔业务办理效率提升 10%,集装箱业务也迎来了整体增长。在第十四届中国货运业大奖"创新奖"的评选中,大连集装箱码头有限公司荣获港口码头创新大奖。

辽港集团探索旗舰主业
运营平台改革创新路径

韩　冰　辽宁港口集团有限公司资本运营部

摘　要： 辽宁省政府与招商局集团携手，签署了全面战略合作及港口整合框架协议，标志着辽宁省港口供给侧结构性改革迈入新阶段，旨在利用招商局的市场化运作优势，加速辽宁港口资源的优化整合，为地方经济注入强劲动力。此举不仅是国内首个省级港口央地合作整合的范例，更展现了产业资本与区域发展深度融合的新模式，有力推动了辽宁港口产业的转型升级与高质量发展。

关键词： 供给侧结构性改革；辽港集团；辽宁港口整合

为了响应"振兴东北老工业基地"的国家战略，推进"供给侧结构性改革"，全面贯彻落实习近平总书记"三个推进"重要讲话要求和视察辽宁时的重要指示精神，招商局集团与辽宁省政府共同推动辽宁港口整合工作；为深入贯彻整合精神，促进上市公司整合，辽港集团进一步推动下属上市公司大连港、营口港之间的吸收合并，打造统一主业运营平台"辽港股份"。

辽宁港口整合项目是国内首个央地合作的省级港口整合项目，其充分借助产业资本力量，推进区域港口产业转型升级，避免无序竞争、资源浪费，协调错位发展，引导产业投资，打造东北港口龙头企业，是中央企业与地方企业重组整合标志性的经典项目。两港上市公司整合项目也是我国首例港口上市公司间吸收合并，是我国资本市场2014年以来首个"A+H吸并A"结构的交易案例，并同时首创了两家上市公司等市值相互非公开协议转让股权的提升公众股比路径，具有典型的示范效应。

该项目的顺利实施更有利于提升公司的社会形象，有利于品牌价值发挥，进一步强化了公司主业，有效地化解了风险，成为提质增效的一大亮点。本项目通过内部业务整合，理顺管理架构、提升企业整体价值并满足上市公司监管要求，具有重要借鉴意义和可复制性，对深化辽宁港口整合成果、提高辽宁港口核心竞争力起到了积极的推动作用。

一、主要做法

(一) 项目的背景

2017 年 3 月,习近平总书记参加第十二届全国人民代表大会第五次会议辽宁代表团审议时指出,"供给侧结构性改革和国有企业改革是辽宁振兴必由之路","要把国有企业作为辽宁振兴的'龙头',坚定不移把国有企业做强做优做大"。

为尽快落实习近平总书记的重要指示,推进辽宁省港口供给侧结构性改革、振兴辽宁地方经济,辽宁省政府与招商局集团签署了全面战略合作协议及港口合作框架协议,确定了招商局以市场化方式主导辽宁省港口整合。

2019 年 1 月,辽港集团正式挂牌成立,首批整合大连、营口两大辽宁省内主要港口,随着整合的开展,大连、营口两港整合协同发展的需要和两港下属上市公司大连港、营口港各自独立运作的要求之间的矛盾日益凸显,因此,辽港集团决定推进两港上市公司合并整合,打造统一的上市平台——辽港股份。

图 1 营口港(左)和大连港(右)

(二) 项目情况概要

大连港以发行 A 股方式换股吸收合并营口港,即大连港向营口港的所有换股股东发行 A 股股票,交换该等股东所持有的营口港股票;同时,大连港拟采用询价方式向不超过 35 名特定投资者非公开发行 A 股股份募集配套资金不超过 21 亿元。

吸收合并完成后,营口港终止上市并注销法人资格,大连港通过其全资子公司承继及承接营口港的全部资产、负债、业务、人员、合同及其他一切权利与义务。

2021 年 2 月 9 日,大连港证券简称正式变更为"辽港股份",宣告此项目已完成交割,辽港股份已成为辽港集团旗下唯一的上市主业运营平台。截至目前,项目配套融资 21 亿元股票也已发行完毕。

(三) 项目具体方案

1. 换股吸收合并双方

本次换股吸收合并的合并方为大连港,被合并方为营口港。

2. 换股发行股份的种类及面值

大连港本次换股吸收合并发行的股份种类为境内上市人民币普通股(A 股),每股面值

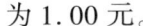

为 1.00 元。

3.定价依据、换股价格及换股比例

综合参考市场惯例、监管规定和两港上市公司股价估值情况,大连港换股价格以定价基准日前 20 个交易日的 A 股股票交易均价确定;营口港换股价格以定价基准日前 20 个交易日的股票交易均价为基础,并在此基础上给予 20% 的溢价率确定,即 2.59 元/股(除权后调整为 2.54 元/股),换股比例为 1∶1.5030,即每 1 股营口港股票可以换得 1.5030 股大连港 A 股股票。

4.换股发行股份的上市地点

大连港为本次换股吸收合并发行的 A 股股份在上交所主板上市流通。

二、实践效果

(一)促进东北港口集约化发展

通过本次合并,辽港集团主要港口资产实现股权上的深度整合,为优化东北区域港口战略布局、推动东北港口集约化发展、加快建成东北亚国际航运中心、振兴东北老工业基地打下基础。一方面,大连港及营口港合并后,将有利于从全局出发,统筹梳理港口业务布局及发展规划,有效发挥两大港口各自区位及资源优势,优化码头资源配置,提高码头资源综合利用能力,避免资源浪费和同质化竞争。另一方面,大连港及营口港的合并将显著增强存续公司的规模优势,提升辽宁省港口的综合服务能力和市场竞争力,加快建成东北亚国际和国内航运中心、物流集散中心,为东北老工业基地振兴的战略全局赋能。

(二)进一步推进辽宁省港口整合

本次交易是自招商局集团取得大连港、营口港的控制权后,为进一步推动辽宁省港口整合项目的又一重要举措。本次大连港以发行 A 股方式换股吸收合并营口港,旨在整合双方优势资源并解决恶性竞争、同业竞争等多项问题,深化辽宁省港口整合前期取得的成果,并进一步推动辽宁省港口的深度整合。

(三)整合双方资源,发挥协同效应,提升整体实力

本次合并是辽宁省港口整合的重要步骤之一,将实现优势互补,充分发挥大连港的自贸区政策优势、港航金融优势和物流体系优势,有效结合营口港的集疏运条件优势和功能优势,实现辽宁省港口的转型升级和可持续发展。

本次合并完成后,合并双方通过资产、人员、管理等各个要素的深度整合,充分利用双方资源搭建现代化的港口物流体系,以现有设施和集疏运网络为基础,推动存续公司资产规模扩大、业务收入增长、盈利能力提升,持续提升存续公司整体竞争实力。

(四)兑现资本市场承诺,解决合并双方同业竞争问题

大连港及营口港地理位置相近,主营业务重合度高、所处区位一致、辐射经济腹地范围有所重合,存在同业竞争问题。辽宁港口整合时期,招商局集团及招商局辽宁亦对辽港集团范围内的同业竞争问题做出承诺,将在适用的法律法规、规范性文件及相关监管规则允

许以及相关业务盈利能力满足上市公司基本收益要求的前提下,本着有利于大连港、营口港发展和维护大连港、营口港全体股东利益,尤其是中小股东利益的原则,在2022年年底前,尽最大努力通过包括但不限于资产重组、业务调整、委托管理等多种措施稳妥推进解决同业竞争问题。本次交易推动大连港和营口港的合并,是招商局集团和招商局辽宁为兑现上述资本市场承诺而采取的重要举措,也是当前解决大连港和营口港同业竞争问题的最优途径,提升了资本市场公信力。

辽港集团开创多国别、多矿种"保税混矿"新模式

赵　萌　大连港散杂货码头公司

摘　要：随着全球钢铁行业的发展,国内外各大钢厂为节约生产成本、应对环保压力,对"炉前料"多品种混矿需求加大,给港口混矿业务带来新的发展机遇。辽港集团紧抓市场机遇,携手力拓集团,依托大连自贸区实验平台,在自贸区"保税混矿"新模式上再度创新,积极拓展多国别、多矿种"保税混矿"商业模式。辽港集团多国别、多矿种"保税混矿"项目顺利落地,增加了港口临港加工功能,打造了"保税混矿"产品的物流供应链服务体系,对国家大宗商品的供应链安全及保障具有重要的战略意义。

关键词：辽港集团;保税混矿;铁矿石贸易

辽港集团大连港 2012 年携手铁矿石供应商——巴西淡水河谷,率先开展中国港口首次"保税混矿"试点,命名"大连标准矿",开创了中国港口"保税混矿"之先河。2018 年 1 月,大连"保税混矿"新模式获评"2017 年中国自贸试验区十大创新案例"。同年 5 月,大连"保税混矿监管创新"作为国务院自由贸易实验区第四批改革试点经验面向全国推广。2020 年 9 月以来,辽港集团携手力拓集团进行了混矿商业模式创新,借鉴大连港多年"保税混矿"的成功经验,首次开展了全国港口多国别、多矿种"保税混矿"项目。

一、主要做法

(一) 紧抓市场,超前布局

随着全球钢铁行业的发展,国内外各大钢厂为节约生产成本、应对环保压力,对"炉前料"多品种混矿需求加大,给港口混矿业务带来新的发展机遇。辽港集团紧抓市场机遇,超

前谋划与布局,在"保税混矿"业务蓬勃开展后,积极拓展新型"保税混矿"商业模式,经与力拓集团商务对接后,其市场布局需求与辽港集团"保税混矿"创新思路不谋而合,于是使多国别、多矿种"保税混矿"项目落户辽港集团大连港成为可能。

(二)勇于探索,敢为人先

不同于以往单一国别、单一矿种的"保税混矿",多国别、多矿种"保税混矿"是根据海外矿山需求,以保税方式进境的来自不同国家、不同矿种的两种或多种铁矿石,在辽港集团港口保税堆场内进行临港混配操作,生成"性价比"更高的优质铁矿石,分销至中国或海外市场。多国别、多矿种"保税混矿"是辽港集团依托大连自贸区实验平台,在自贸区"保税混矿"新模式上的再度创新,也是大连海关对国务院关于做好自由贸易实验区第四批改革试点经验复制推广工作"保税混矿监管模式"的升级探索。

二、实践效果

(一)构建了铁矿石供应链服务体系

辽港集团多国别、多矿种"保税混矿"项目顺利落地,增加了港口临港加工功能,使港口从物流商升级至生产商,为国内外客户提供了多种贸易模式选择,而且利用大连港处于东北亚地理位置的中心、渤海湾入口处的区位优势,借助大连港40万t泊位的码头能力和铁路、公路、船舶中转的集疏运体系,打造了"保税混矿"产品的物流供应链服务体系,为东北腹地钢厂、环渤海钢厂、东北亚国际钢厂提供了多元化、低成本的原材料。

(二)塑造了铁矿石贸易新模式

在传统的铁矿石贸易模式下,钢铁企业在巴西、澳大利亚的矿山采购铁矿石,然后经过几十天的海上运输到达中国。在运输过程中,铁矿石价格存在较大的波动风险,并且海外采购铁矿石需用美元交易,要承担很大的汇率风险,且长时间占用钢铁企业大量的流动资金。

辽港集团通过多种"保税混矿"模式,把国外的矿山引导到港口进行混矿,按照要求混成矿山公司、钢厂所需要的铁矿石,然后进行现货销售。通过方便的集疏运体系,钢铁企业可以小批量、短时间、多频率地在辽港集团港口采购自己所需要的铁矿石混矿产品,并且港口现货不仅可以采用美元交易,也可以用人民币来交易,减少了企业资金成本。

(三)强化了中国铁矿石贸易话语权

如果以重量计算,铁矿石是我国每年采购量最大的进口商品,约达10亿t,同时我国也是世界上最大的铁矿石进口国。但是长期以来,铁矿石的定价权都掌握在海外的矿山公司手中,因此通过把铁矿石交易行为逐步地向中国港口引导,特别是多国别、多矿种"保税混矿"的国内客户用人民币进行交易,极大地强化了下一步中国对铁矿石的定价权,加快了人民币国际化进程,对国家大宗商品的供应链安全及保障具有重要的战略意义。

辽港集团推进传统集装箱码头智慧化改造升级新模式

卢志峰　辽宁港口集团有限公司科技与数字化部

摘　要： 港口智慧化水平是衡量一个国家或地区港口发展能级和参与全球竞争的重要指标。2022 年 12 月 26 日,辽港集团"大窑湾·智慧港口 2.0"项目"智能操作、智慧运营、智链生态、智感环境"四大领域 100 个子模块测试全面通过,标志着该项目圆满完成了 2022 年既定目标。"大窑湾·智慧港口 2.0"项目有利于提升码头作业效率,提升港口安全管控能力,提升大连港枢纽地位,有效填补了辽港集团智慧港口建设空白,有助于通过数字化等手段打通物流通道,带动腹地经贸发展及区域海洋经济发展。

关键词： 集装箱码头;港口智慧化;智慧港口 2.0

港口智慧化水平已经成为衡量一个国家或地区港口发展能级和参与全球竞争的重要指标。辽港集团着眼于打造世界一流港口,依托大连集装箱码头,创新建立智港联盟,创新优化数字设施,创新重塑物流生态,以"5G+区块链"技术的深度应用,持续推动码头智慧化改造升级;为国内传统集装箱码头智慧化建设提供"边生产边改造""硬技术+软实力"的特色新模式,有效填补了辽港集团智慧港口建设空白,有助于通过数字化等手段打通物流通道,带动腹地经贸发展及区域海洋经济发展,推进国际贸易新形势下"交通强国"建设的生动实践,对于开辟大连东北亚国际航运中心建设崭新路径具有重要的战略意义。

一、主要做法

(一)创新建立智港联盟

聚焦为大连集装箱码头智慧化建设提供持续科技资源和智力支撑,辽港集团、华为公

13

司共同发起成立智慧港口创新联盟,已汇聚大连理工大学、浙江大学、上海海事大学等5所高校,招商港口集团、阿里云技术、上海振华等22家高新技术企业。创新联盟致力于智慧港口业务融合发展研究,推动5G、人工智能、物联网及区块链等前沿技术在大连集装箱码头的深入应用,并积极促成联盟合作各方开展深度合作和广泛交流。

(二)创新优化数字设施

着眼于提升大连集装箱码头堆场装卸、运输、堆存、分拨、中转等智能化水平,积极实施自动化改造工程,统筹推进轨道吊自动化改造、岸桥单机远控改造、无人集卡测试、AI视频分析平台建设、无人驾驶混合作业等工作,实现码头场地自动化、岸桥远控智能化、集卡运输无人化、视频图像平台化。积极开展数字基建专项行动,包括搭建物联网数据平台、推进北斗融合定位跟踪、根据业务开展情况逐步实现全场地5G全覆盖、组建数字语音通信网等内容,推动大连集装箱码头数据驱动和智能感知功能得到持续强化。其中,设备自动化改造包括17#、18#泊位的轨道吊堆场自动化改造和2台岸桥远控改造,3台无人集卡测试和岸边集中拆装锁具及智能理货建设项目;数字基建项目涵盖5G&4G混网的无线网络,北斗技术应用,融合定位系统的物联网端边搭建,基于AI的智能视频分析平台,以及机房和网络等IT基础设施的建设。

(三)创新重塑物流生态

围绕数字基建、设备自动化两大领域,布局"智能操作、智慧运营、智链生态、智感环境"四大方面30余项任务,塑造全新的智慧集装箱码头物流生态体系。"智能操作"方面,重点推进招商局CTOS系统基本模块、智能化模块、本地化开发及内外接口建设,TOS系统数据迁移以及同其他软硬件系统的有效兼容衔接等工作;"智链生态"方面,重点推进智慧口岸及物流平台建设,将平台服务拓展到口岸各单位,实现进出口流程全程无纸化、冷藏箱全程数字化,根据口岸总体要求和业务运营实际实现口岸电子放货全部上链;"智感环境"方面,重点推进设施智能检测平台建设,并实现水务、能源、照明、气象等管理的智慧化、集约化;"智慧运营"方面,重点推进安全、资产、财务、人事、市场等管理模块的数据一站共享、全流程共生,打造港口自主学习、智能管理"云大脑"。

二、实践效果

2022年12月26日,辽港集团"大窑湾·智慧港口2.0"项目"智能操作、智慧运营、智链生态、智感环境"四大领域100个子模块测试全面通过,标志着该项目圆满实现了2022年既定目标,辽港集团智慧港口建设取得了重要阶段性成果,实现了从传统集装箱码头华丽蜕变为拥有四项"智脑"的智慧港,为"数字辽宁、智造强省"建设带来发展新引擎,实现了"智生产、慧管理、链服务、协环境"等场景丰富的一体化智慧运营体系。其中:

"智能操作"实现岸桥单机综合效率提升4%,拖车在港时间下降8%,堆场翻倒率下降18%;"智慧运营"实现设备隐患数量下降57%,隐患整改效率提升16%,采购审批时间下降80%;"智链生态"实现97%放箱放货业务电子化,95%业务网上计费,入港车辆饱和数量下降15%,查验箱疏港时间下降19%;"智感环境"实现综合能源单耗下降9%,设施隐患数量下降43%;"数字基建+设备自动化"实现岸桥远控效率达24箱/小时,轨道吊自动化人机配比1:5,人工介入率仅4%,整体效率达22.5箱/小时。

"大窑湾·智慧港口2.0项目"的效果体现在:一是有利于提升码头作业效率。通过远程操控完成集装箱的装卸、堆存等作业环节,操作人员无须进入现场,也不会直接接触集装箱,码头作业效率提升10%以上,有效降低了因人员、环境、疫情等因素对码头生产作业的影响。二是有利于提升港口安全管控能力。集装箱码头利用物联网、移动互联、视频监控、大数据等技术手段,采用智能提醒、跟踪解析、数据量化的方式,为安全管理提供数据支持、消息提醒、风险预警等功能,为港口安全有序生产管理提供强大保障。三是有利于提升大连港枢纽地位。之前大连港在智慧港口建设大潮中发展比较滞后,在港口现代化、智能化服务能力建设方面落后于天津、青岛等毗邻港口。大连港着眼问题、把握机遇,积极依托集装箱码头推进智慧港口建设,进一步完善港口集疏运功能,提升全链条物流服务水平,提升了大连港在国内各大港口中的竞争能力。

2023年,辽港集团将持续完善打造"大窑湾·智慧港口2.0"项目理念,形成标杆效应,将集装箱智慧港口建设中积累的经验及成果,复制推广到大宗散货及其他港口生产业务领域,构建"辽智通"大宗散杂货智能操作系统、大连港智慧轮驳系统等,为辽宁省港口建设发展贡献数字化力量。

辽港集团开创空客 A220 飞机模块滚装出口新模式

金兆星　大连汽车码头有限公司

摘　要： 空中客车是世界上最大的飞机制造商之一。空客飞机模块一直采用集装箱海运出口至北美地区,受新冠疫情等因素影响,集装箱海运运力不足,延长了整体运输周期。大连汽车码头携手全球最大汽车运输船公司华伦威尔森,持续向空客推介MAFI 滚装出口的海运模式,滚装海运运力充沛。2021 年 10 月 25 日,中航沈飞生产的 2100 方空客 A220 飞机模块在大连汽车码头完成装船作业,运输至美国巴尔的摩港,这是中国飞机模块首次以滚装船货物运输形式出口。本次空客出口项目,打通了大连—北美外贸滚装航线,其社会效益相当可观。

关键词： 空客出口项目;MAFI 业务;大连—北美外贸滚装航线

中国航空工业集团骨干企业——沈飞国际商用飞机有限公司承揽空客 A220 加工项目,以精湛的工艺和雄厚的技术能力向世界展示了"中国制造"的卓越品质。2021 年 10 月 25 日,中航沈飞生产的 2100 方空客 A220 飞机模块在大连汽车码头完成装船作业,运输至美国巴尔的摩港,这是中国飞机模块首次以滚装船货物运输形式出口,标志着辽宁港口集团首条美洲滚装外贸出口班轮航线正式开通。根据客户合同情况,该项目为期约 5 年,初期实行 2 班/月。

图1 空客A220飞机模块以大连汽车码头为始发港,运输至美国目的港

一、主要做法

(一)设计方案

MAFI业务是国际上针对高价值件杂货滚装运输的常用方式,像德国的不来梅哈芬、比利时的泽布吕赫,国内的上海、天津均开辟了稳定的国际MAFI业务航线。大连港自2013年购置第一台MAFI牵引车开始,就积极争揽MAFI业务,不断深挖市场需求。但大连港不是外贸基本港,没有稳定的外贸班轮航线,即使腹地客户有外贸出口需求,也被迫到国内其他港口拼舱,这样做一方面导致了客户的物流成本提高,另一方面也造成了地方港口资源的浪费。

空客滚装出口项目由华伦威尔森(简称WW)负责门到门服务,国内段由WW中国公司负责,包括陆运、海运订舱、清关、港口装卸等。目的港为美国巴尔的摩港(暂定均经韩国马山港中转)。根据大连汽车码头与WW中国公司达成的共识,除港口装卸、仓储外,WW还将码头内吊装、物料供应、绑扎等作业委托给大连汽车码头。

(二)拓展客户

华伦威尔森集团不仅是全球最大的滚装航运公司,也是辽港集团的重要客户,多年来双方合作开展了商品车国际中转、工程机械、农用机械外贸进出口等多项业务,累计转运接近5万辆,成为密切的合作伙伴,树立了港航合作的典范。

空中客车是世界上最大的飞机制造商之一,在商业模式、研究设计、制造技术等方面均代表国际航空业的领先水平。以往,空客飞机模块一直采用集装箱海运出口至北美地区,但自2020年2月以来,受新冠疫情等因素影响,集装箱海运运力急剧下降,海运费用大幅上涨,空客公司有变更物流模式的需求。

从 2020 年 12 月开始,大连汽车码头携手 WW 重点围绕空客公司的需求,针对集装箱海运费用高、运力紧张的痛点,持续向空客公司推介空客 A220 飞机模块 MAFI 滚装出口的海运模式。2021 年 7 月下旬,WW 最终中标中航沈飞工厂代工空客出口美国项目,出口港确定为大连汽车码头。

（三）实际运作

2021 年 7 月,WW 携手路易达孚(简称 LDFS)中标中航沈飞工厂代工空客出口美国项目,出口港确定为大连。接到消息后,8 月,辽港集团滚装码头随即与 WW&LDFS 对接商讨项目具体运作细节,针对空客货物货值高、易损坏的特性,按照客户的要求准备作业所需的机械、设备、工具和材料。邀请专家实地考察港内硬件设施,针对空客出口项目进行专业性改进,对作业人员进行专项培训,以高于客户要求的水平提前做好了作业准备,并编制了港口作业标准化流程。9 月,WW 中国公司来访大连汽车码头,就空客出口项目及航线开辟等问题进行洽谈。10 月 13 日,空客项目首批飞机模块从沈阳沈飞工厂运输至大连汽车码头,在码头顺利完成 MAFI 货物落板作业,后续总计 2 100 m³ 的货物分批次顺利抵港完成落板作业。10 月 24 日,WW 公司“卡门”轮靠泊大连汽车码头,25 日全部货物在码头完成装船作业,起航运往美国巴尔的摩港。

二、实践效果

（一）时效性强

受新冠疫情等因素影响,因集装箱海运运力不足、舱位紧张导致客户订舱困难经常需要排队,从而延长了整体运输周期。转为 MAFI 滚装海运模式后,滚装海运运力充沛,无须等待即可安排舱位,从而缩短了全程物流时间,提高了整体物流效率。

（二）节约成本

成本的主体主要由两方面构成:一方面是物流成本,相较于集装箱海运费用大幅上涨,选择滚装海运模式将大幅降低运费,节省物流成本;另一方面是时间成本,受限于舱位与框架集装箱的短缺,选择 MAFI 滚装运输将节省更多时间。

（三）创造效益

空客出口运输项目在大连汽车码头进行换装上船,码头负责其中装船、点检、仓储、绑扎等关键环节,为码头带来平均约 100 元/m³ 的收益,如果按照计划 5 年总计 12 万元/m³ 计算,可为码头带来约 1 220 万元的收入。加上吊装、拖船、引航、报关、船代等在大连市域内其他关联收入,其经济和社会效益相当可观。

（四）拓展航线

本次空客出口项目,打通了大连—北美的外贸滚装航线。航线开通后,WW 既有的吉林启星铝业(原麦达斯铝业)、利勃海尔、中国第一汽车集团等原在其他港出口的货物也将在大连装船,同时双方携手拓展腹地其他件杂货及商品车出口货源,稳定提升该航线运量。

辽港集团开拓商品车过境运输新模式

金兆星　大连汽车码头有限公司

摘　要：大连汽车码头以铁路专用线直接入港的优良硬件设施和长期以来在业内树立的安全、优质、高效的服务品牌，通过不断优化全程物流方案，最终在竞争中超过天津港，赢得商品车过境运输业务。此次创新充分发挥了大连在东连东亚、西接中亚新运输通道中的区位优势和桥梁纽带作用，该项目进一步丰富了港口业务模式，给大连港新增一条外贸航线。在全球贸易壁垒高企，美国不断退出全球治理体系的大环境下，这一全新合作模式对于推动全球经济一体化具有重要意义。

关键词：过境运输；大连汽车码头；港口业务模式

过境运输是指他国在运送客货过程中，通过本国领土运往另一国的运输。2021年1月31日，220辆于1月29日卸船的首批日本进口商品车在大连汽车码头装运29节铁路专用车经新疆发往中亚地区的哈萨克斯坦。至此，国内第一个商品车过境运输项目正式开启。

图1　过境日本商品车在辽宁自贸区大连片区汽车码头完成铁路换装后发往哈萨克斯坦

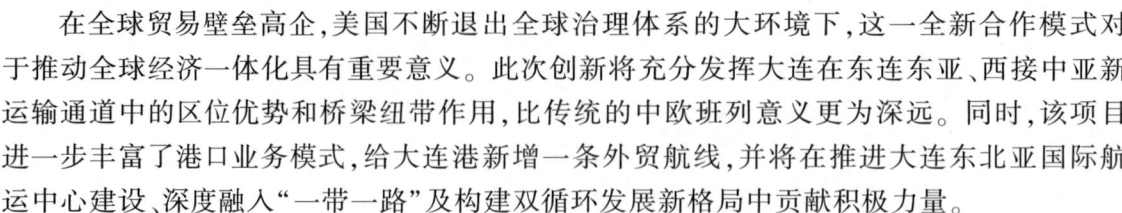

在全球贸易壁垒高企,美国不断退出全球治理体系的大环境下,这一全新合作模式对于推动全球经济一体化具有重要意义。此次创新将充分发挥大连在东连东亚、西接中亚新运输通道中的区位优势和桥梁纽带作用,比传统的中欧班列意义更为深远。同时,该项目进一步丰富了港口业务模式,给大连港新增一条外贸航线,并将在推进大连东北亚国际航运中心建设、深度融入"一带一路"及构建双循环发展新格局中贡献积极力量。

一、主要做法

(一) 设计方案

大连汽车码头早在 2006 年就进行过二手车过境运输尝试,是国内最早开展过境运输业务的港口,后受限于两次金融危机爆发及哈萨克斯坦对二手车进口的政策限制,业务停止。随着"RCEP"贸易协定签署及中、日、韩和西亚国家间贸易规模的不断扩大和区域内经贸合作的不断深入,大连汽车码头顺应市场形势,不断深挖市场需求,在国内率先开辟了"日本—大连—中亚"商品车过境运输模式。

相较传统运输模式,过境运输具有时效快、成本低、安全性高等特点。日本商品车运输到中亚地区,传统的运输模式是从日本通过海运穿过印度洋、地中海和黑海到达土耳其,而后再进行二次分拨到达哈萨克斯坦,全程需要 80 多天,且路途遥远、成本高昂。

大连汽车码头与股东方日本邮船株式会社(NYK)、中铁特货下属专门运营过境运输的世铁特货公司组建专门团队,针对潜在市场,专项规划、设计、编制过境运输全程物流方案。该方案为:商品车从日本名古屋港装船经滚装海运至大连汽车码头卸船后,通过大连汽车码头港内铁路装卸线,装载铁路专用车至新疆霍尔果斯口岸,在口岸换装后进入中亚地区。在制定方案过程中,汽车码头与口岸单位、物流商、铁路方面沟通,确保该项目在实施过程中的有效衔接,满足客户降低成本、提高交付速度的需求。同时码头为配合项目的顺利开展,对原有铁路专用线进行了改扩建工作,进一步优化了码头铁路线的作业环境并提高了作业能力。

(二) 拓展客户

日本车企对品质有着近乎苛刻的要求,商品车交付时间、品质保障、物流成本是其中重要的考核指标。随着我国铁路建设规模的持续扩大,客货运输分离后,铁路货运快速提速,同时商品车专用车设计、制造和规模不断扩大,为开发日本商品车过境运输提供了有利契机。

大连汽车码头在了解到客户有相关需求后,立即与 NYK 及世铁特货公司对目标客户进行项目推介和竞标工作。此项目曾计划在天津和大连两港进行选择,大连汽车码头以铁路专用线直接入港的优良硬件设施和长期以来在业内树立的安全、优质、高效的服务品牌,通过不断优化全程物流方案,为客户细算成本等优势,在码头的不懈努力与股东方的大力支持下,最终在与天津港的竞争中胜出,业务最终落地大连。

(三) 实际运作

2020 年 10 月,日本车企公布大连中标结果。2021 年 1 月 29 日,NYK 滚装船"THEMIS

LEADER"靠泊大连汽车码头开始卸船作业。在海关的大力协助下,1月31日13时50分开始火车作业,18时10分,过境运输班列从大连汽车码头发车驶向霍尔果斯口岸。

此次过境运输项目合约期为三年,2021年码头完成日本丰田商品车跨境转运4 070辆,2022年在稳定运营"日本—大连—哈萨克斯坦"丰田商品车过境通道的同时,成功拓展韩国二手车过境运输新货源,全年累计完成过境商品车运输共计8 253辆,同比增长102.8%。

图2 韩国二手车顺利完成公路轿运车装载作业

二、实践效果

(一) 时效性强

相较传统运输模式全程需要80天,过境运输模式全程(从工厂到交付)预计30天以内即可完成,可节省一半以上的运输时间。

(二) 节约成本

成本主要体现在两个方面:一方面是真正的成本。由于运距和时间大幅度缩短,物流成本和资金的时间成本优势也会体现出来。另一方面,对消费者交付及时可以提升品牌的影响力和市场竞争力,这是大连汽车码头追求的最终目标。

(三) 绿色环保

过境运输大幅度缩短了运距,且全程由水运、铁路运输,相较传统模式更为清洁,是国际社会积极倡导的标准绿色物流。同时也为降低全球碳排放、延缓全球气候变暖步伐起到积极推动作用。

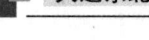

（四）创造效益

过境运输过程中在大连汽车码头实现车辆中转，大连汽车码头负责其中卸船、仓储、装火车等关键环节，为码头带来 800 元/辆的收益，按照全年 4 000 辆车计算，将为码头带来 320 万元的增收。加上拖船、引航、铁路运输、报关、船代等在大连市域内的其他物流收入，可为大连市贡献较高的税收收入，其经济和社会效益也相当可观。

辽港集团铁矿石"组合港"
转水运输业务新模式

刘赫亮　辽宁港口股份有限公司生产业务部

摘　要： 辽港集团成功探索出铁矿石"组合港"转水运输业务新模式。该模式结合大连港深水码头与营口港运距优势，为腹地钢厂提供了高性价比的全程物流服务，实现了港口、钢厂双方的效益最大化，巩固了大连港的枢纽地位。自2022年规模化运作以来，该模式持续增强了腹地客户对辽港集团的满意度与黏性，并显著提升了港口吞吐量。今后将进一步拓展其他货种及目的港口，构建一体化供应链增值服务体系，促进港口与城市的互利共赢。

关键词： 铁矿石"组合港"业务；腹地钢厂；交通物流

辽港集团自整合成立以来，打破了辽宁港口间重复建设、无序竞争状态，构建起主营业务一体化管理体系，充分发挥内部协同优势，成功探索出铁矿石"组合港"转水运输业务新模式，不仅实现了港口资源的科学统筹与合理协同，也实现了港口、钢厂双方的效益最大化，进一步提升了大连港的枢纽地位。

一、主要做法

大连港拥有40万t矿石深水码头，营口港具有与腹地钢厂间的运距优势。辽港集团将这两种优势充分结合，围绕腹地钢厂进口铁矿石运输需求，加强信息互通和内部协同，综合商务价格、物流成本、车船组织等多方面因素，创新设计"大连—营口组合港"业务模式，为钢厂提供"门到门"的全程物流服务。即钢厂通过合拼方式购买的原料，经40万t大型矿石船运至大连港接卸，再装至内贸小型散货船，运往营口港卸船，最后以皮带、公路或铁路的方式疏港至周边钢厂。

2022年7月初，腹地贸易商从巴西直采的铁矿石原矿，通过40万t矿船合拼方式运输至大连港进行接卸；7 月 10 日，第一船铁矿石从大连转水至营口，为辽港集团带来业务增量 34 万 t。

2022 年 10 月，辽港集团铁矿石"组合港"运输业务正式进入规模化运作阶段。10 月 20 日，腹地钢厂通过"组合港"业务新模式，将拼船采购的 12.5 万 t 巴西铁矿石，经 40 万 t 矿石船运抵大连港矿石码头；10 月 25 日，首批 5.5 万 t 铁矿石由内贸小型散货船运至营口鲅鱼圈港区，再通过皮带直接运输至腹地钢厂。此次为腹地钢厂设计的"组合港"运输业务，合计完成"水水中转"30.7 万 t，实现港口吞吐量 92.1 万 t。

图 1　辽港集团铁矿石"组合港"作业现场

二、主要成效

铁矿石"组合港"转水运输业务新模式，是辽港集团为腹地钢厂开辟的高性价比保供新通道，也是辽港集团、中国长江航运集团有限公司（以下简称"中国长航"）、中国外运股份有限公司（以下简称"中国外运"）开展招商局交通物流板块业务协同"盟长、链长、户长"示范创建活动的成功实践，聚合了招商局集团港口、海运、物流等各方面的资源优势，形成了个性化、定制化服务方案，为客户提供了优质、高效、低成本、多渠道的端到端全程物流服务，实现了港口、钢厂双方的效益最大化，有助于持续增强腹地客户对辽港集团的满意度与黏性，实现互利共赢发展。具体来看：

一是借助"组合港"业务新模式，腹地钢厂可利用大连港 40 万 t 矿石码头，同其他钢厂进行拼船运输，节约采购和海运成本。

二是货物以"水水中转"方式运至营口港后,通过皮带直接运送至腹地钢厂,可以减少因火车车皮紧张及卸车环节存在的难题,做到各环节的无缝衔接,保证原材料及时供应,真正实现节成本、提效率。

三是铁矿石"组合港"业务新模式的规模化运作,能够产生良好的示范效应,吸引更多的腹地钢厂参与其中,为广大客户提供更便捷、更高效的物流模式选择。

四是自辽港集团推出铁矿石"组合港"运输业务以来,已累计实现吞吐量近 200 万 t,有助于提升大连港和营口港的货物吞吐量,也展现出大连港作为辽宁沿海核心港口的"枢纽港"功能。

三、下一步工作思路

辽港集团将积极推动"大连—营口""大连—丹东""大连—盘锦"等更多货种的组合港模式,携手中国长航、中国外运等招商单位,共同制定完善的"直销+加工+贸易+配送"一体化供应链增值服务体系。

辽港集团优化中欧班列运营组织模式
积极打造东部沿海陆海新通道

王 霏 大连港集发物流有限责任公司

摘 要： 辽港集团在恢复稳定大连既有中欧班列及通道的基础上，以中欧班列为载体，将沿海港口城市及日、韩、东南亚等国家和地区的货物汇集到大连港，与粤港澳大湾区、长三角、京津冀区域等国家物流枢纽互联互通。通过中欧班列与欧洲相连，并不断开辟新线路、新站点，拓展中欧班列服务网络，同时加大货源组织、通道与运营路线策划力度，积极争揽回程货源，提升大连物流枢纽的吸引力，为大连自贸片区发展和东北亚国际航运中心建设提供加速度，为畅通国内国际双循环、服务新发展格局做出积极贡献。

关键词： 中欧班列；辽宁省海外物流节点；大连物流枢纽

2021 年以来，辽港集团充分利用大连区位及航线网络优势，发挥港口型国家物流枢纽集疏运体系作用，在恢复稳定大连既有中欧班列及通道的基础上，持续优化中欧班列网络布局，创新作业模式，优化班列运营组织模式，提高班列运营时效，降低物流成本，助推中欧班列高质量发展。这对我省外向型经济发展和东北老工业基地全面振兴，打造我国向北开放的重要窗口和东北亚地区合作的中心枢纽发挥了重要作用。

一、主要做法

（一）拓展中欧班列线路

辽港集团以中欧班列为载体，将沿海港口城市及日、韩、东南亚等国家和地区的货物汇集到大连港，与粤港澳大湾区、长三角、京津冀区域等国家物流枢纽互联互通。通过中欧班列与欧洲相连，并不断开辟新线路、新站点，拓展中欧班列服务网络。2021 年 1 月 12 日，开通大连至德国杜伊斯堡中欧班列,这是大连首次开通至德国的点对点直达班列。为积极响应辽宁省海外物流节点项目建设,1月22日,开通大连至莫斯科别雷拉斯特站中欧班列。

同时,辽港集团加大货源组织、通道与运营路线策划力度,积极争揽回程货源,提升大连物流枢纽的吸引力。2021年3月3日,新西伯利亚至大连回程班列经绥芬河口岸顺利抵达大连铁路集装箱中心站,主要货物为板材,主要目的地为大连、抚顺、上海、青岛等地。上半年还开发了上孔金斯基卡亚、谢格扎等地的板材、纸浆、卡板纸等进口产品。8月29日,从白俄罗斯明斯克至大连到达一列乳清粉班列,丰富了进口班列线路及货源;9月20日,从二连浩特口岸进口一列板材,累计完成进口班列19列。

2022年,辽港集团相继开行波兰马拉舍维奇、波兰华沙、别雷拉斯特至大连的中欧班列。其中,"波兰马拉舍维奇—大连"中欧班列,为辽港集团首次打通欧洲腹地回程路线;"别雷拉斯特—大连"中欧班列首次实现了双向贯通;开辟欧洲经大连至日本的集装箱中转线路,搭建"中欧班列+近洋海运"过境中转通道;与俄罗斯铁路共同打造的"大连—圣彼得堡"点对点直达中欧班列,较零散发运将节省近1/3的时间。

图1 别雷拉斯特—大连电商返程班列

(二)打通全部中欧班列主要出入境通道

受新冠疫情影响,中欧班列的满洲里通道严重拥堵。为克服计划不足、箱源紧张、用箱费涨价等多种不利因素,辽港集团积极策划通道与运营线路,探索开行线路和出入境通道的多元化,2021年成功开通了大连经绥芬河、二连浩特、阿拉山口、霍尔果斯口岸至欧洲的新班列,初步形成了大连中欧班列"五大通道"的全网运行格局,切实提高了班列运行效率。2021年1月22日,正式开通绥芬河口岸双向班列;8月19日,开通大连—二连浩特口岸双向班列;6月30日,开通大连—阿拉山口—欧洲班列;7月27日,开通大连—霍尔果斯—欧洲班列。

(三)开发商品车定制班列产品

辽港集团利用优质码头服务资源,大力开发自主品牌商品车定制化班列,积极提升商品车过境班列货源组织及服务能力,开发了日本过境中转至霍尔果斯口岸出境,终到哈萨克斯坦的中亚班列。其后,又开发了吉利、奇瑞出口俄罗斯 SUV 整列班列,长城汽车出口俄罗斯整车零部件整列班列,为我国自主品牌商品车出口国外打通了一条崭新的通道。2022年,在稳定运营"日本—大连—哈萨克斯坦"商品车过境通道的同时,成功拓展韩国二手车过境运输新货源。全年累计实现过境车辆 8 253 辆,同比增幅 102.8%。

(四)持续提高作业效率

辽港集团持续加强与大连市政府、中国铁路沈阳局集团有限公司、大连海关等部门和企业的协调联系,密切协作,依托"多式联运智能集成技术与装备开发"等重点研发项目,不断优化运输组织和过境运输监管,加快中欧班列装车和中转作业,提高运营品质和运输效率,为客户提供优质的个性化服务措施。海运集结货物在大连口岸实现即时通关、即时放行、即时装车、即时发运。

二、实践效果

通过以上创新运营组织模式,完善了大连通道陆路运输网络布局,加强了与"一带一路"沿线国家的紧密联系,促进了疫情防控期间大连通道对外贸易的显著增长。2021 年,大连口岸直发中欧班列 122 列,完成箱量 1.2 万 TEU。大连港还完成日本—哈萨克斯坦中亚商品车过境中转班列 20 列,完成箱量 3 394 TEU;商品车 3 314 辆,商品车来源地主要为日本。2022 年,辽港集团全年完成大连直发中欧班列 154 列,完成箱量 1.5 万 TEU,同比增幅23.8%。

辽港集团通过拓展过境班列业务的网络布局,进一步提升了大连口岸中欧班列市场竞争力,丰富了班列通道、运营路线与进出口货源种类,提升了班列开行质量。大连中欧班列品牌获得业界高度认可,助力中国品牌以更明显的物流优势参与全球贸易竞争,在辐射沿海货源、带动本地经济、拉动东北振兴等方面起到了重要作用,为大连自贸片区发展和东北亚国际航运中心建设提供加速度,为畅通国内国际双循环、服务新发展格局做出积极贡献。

大连海关助力保税航油业务发展
打造空港高质量"双循环"枢纽

赵　雪　大连海关

摘　要： 航空煤油是航空器的血脉,大连海关以保税航油业务为突破口,从规范管理、安全运营、日常监管等方面出台多项支持举措,共同发力、多维度共建,推进保税航油监管标准化。目前,大连周水子国际机场保税航油服务范围已涵盖日航、全日空、南航、国航等近20家国内外航空公司和代理企业,海关累计监管保障5 957架次国际航班加注保税航油42 773.03 t,保税航油等便企利企政策将为陆续恢复的国际航班提供持续动力,提升了大连空港口岸核心竞争力,推动大连市在新一轮东北振兴发展中抢占优势地位。

关键词： 大连海关;保税航油;空港高质量"双循环"枢纽

保税航油是我国一项特殊的开放政策,是指国家为执飞国际航线的飞机提供免税油品。国际航班加注保税航油,无须从境外自带航油,不仅可以减轻进出境航空器自重,提升客货运力,更为空港口岸带来更强的国际航线保障能力和竞争优势。大连海关紧贴打造空港高质量"双循环"枢纽的目标,积极应对挑战,出台多项支持举措。以保税航油业务为突破口,架起航空公司和航油企业业务沟通协调的桥梁,通过政策创新和监管流程再造,综合运用信息化系统、视频监控等科技手段,全力支持大连周水子国际机场保税航油项目落地和实施。2019年5月26日,中国航空油料有限责任公司大连机场公用型航油液体保税仓库和航油国内结转型出口监管仓库正式设立。10月1日,在大连周水子国际机场海关的监管下,日本大阪航空公司NH946航班完成保税航油的加注,标志着大连周水子国际机场保税航油业务实现了全流程贯通。

一、典型经验总结

航空煤油是航空器的血脉,大连周水子国际机场长期以来不具备提供保税航油服务保障业务能力,严重制约了大连国际航空市场的开拓与发展。面对发展瓶颈,大连海关多次现场调研,明确将保税航油业务列入大连海关"保税领域八张牌"重点工作之一,全力支持大连机场保税航油项目落地,提升大连空港口岸核心竞争力,推动大连市在新一轮东北振兴发展中抢占优势地位。

(一)共商——推动保税航油从无到有

此举受到大连市委市政府的高度重视,市政府多次召开专题会议研究讨论,海关、商务、财政、机场集团、中国航油和口岸等多部门积极实地勘察,制定工作实施方案,共商工作中遇到的困难,逐个破解难题,不回避、不等靠,积极务实推动保税航油业务在大连空港落地。2019年3月,大连海关成立保税航油项目工作组,制定航油通关流程和保税航油业务操作指南;5月,中国航空油料有限责任公司大连机场公用型航油液体保税仓库和航油国内结转型出口监管仓库正式设立,首批500 t保税航油于8月28日进入"两仓";9月16日,第二批3 000 t保税航油顺利入仓;10月1日,首单保税航油实际供机,大连周水子国际机场保税航油工作落地实施。

(二)共建——推进保税航油监管标准化

为了确保保税航油"管得住"又"通得快",大连海关从规范管理、安全运营、日常监管等方面出台多项支持举措,共同发力、多维度共建,推进保税航油监管标准化,包括支持企业申请航油保税仓储资质,针对航油作业工艺的特殊性,综合运用信息化手段,量身定制高效便捷的监管流程。同时,以"系统+台账"的方式开展物流监控,实施掌握航油"两仓"仓储数据和流量动态,确保对保税航油"进、出、转、存"各环节动态监控。此外,大连海关还采取提前申报、预约通关的方式,保障保税航油7×24 h即到即放,提高航油通关效率。

(三)共管——促进安全生产监督常态化

大连海关树牢安全发展理念,聚焦保税航油"两仓",建立安全生产定期自查机制,并通过日常场所巡查、制发提醒函等多种形式,提醒督促航油企业切实承担企业安全生产主体责任,责任到位、措施到位,坚持警钟长鸣、常抓不懈,切实做好安全生产工作。深入推进安全生产专项整治三年行动巩固提升,结合海关业务实际,梳理形成安全生产风险排查清单,引导企业规范有序经营保税航油"两仓"。紧扣通关申报、保税航油"两仓"进出转存和物料供应等关键节点,探索完善全链条监管协作,同向发力提高安全生产工作效能,同时深化与相关行业主管部门执法协作,形成监管合力。

二、业务进展与未来规划

目前,大连周水子国际机场保税航油服务范围已涵盖日航、全日空、南航、国航等近20家国内外航空公司和代理企业,海关累计监管保障5 957架次国际航班加注保税航油

42 773.03 t,保税航油等便企利企政策将为陆续恢复的国际航班提供持续动力。下一步,大连海关将扎实开展促进跨境贸易便利化专项行动,推动落实海关优化营商环境 16 项措施,不断完善支持举措,实现智慧监管、顺势监管和高效监管,为打造空港高质量"双循环"枢纽筑牢坚实基础。

图 1　国际航班加注保税航油

央地重组整合辽宁港口
助推东北全面振兴

殷明志　辽宁港口集团有限公司航建办

摘　要： 2020年,为了深化辽宁港口整合效果,进一步提升其在资本市场的影响力和融资能力,发挥港口协同效应,促进港口功能和结构调整,实现国有资产保值增值的同时更好地服务地方经济发展,招商局启动了大连港股份和营口港股份整合的"东北振兴"项目。重组整合以来,辽港集团借助招商局"百年央企"的品牌影响力,其品牌价值进一步增强,抗风险能力和市场竞争力显著提升,真正实现了央地合作、多方共赢,将"招商血脉""蛇口基因"融入世界一流强港的建设当中。

关键词： 央地重组;辽宁港口;港口整合

　　整合辽宁沿海港口资源、建设大连东北亚国际航运中心,是党中央、国务院对辽宁省的重要战略要求。招商局集团与辽宁省政府于2017年6月启动辽宁港口整合工作,通过建立辽宁港口统一运营平台,以大连港集团和营口港务集团为基础,招商局集团主导运营,开展央企、地方合作,发挥双方优势,全面提升辽宁港口的综合竞争力。

一、港口整合背景

　　港口,于辽意义非凡。辽宁拥有超过2 290 km的海岸线,占全国总量的1/12。大连、营口、锦州、丹东、盘锦、葫芦岛六大港口犹如被海串起的明珠,敞开辽宁开放的门户。大连港和营口港作为北方重要的航运枢纽,是整个东北重要的出海通道,肩负着腹地经济对外开放与南北交融的重任。

　　时机,于辽迫在眉睫。2016年,我国沿海港口整合浪潮拉开序幕。从最早的广西北部湾港开始,到宁波—舟山港、浙江省港口集团、江苏省港口集团,"一省一港"改革趋势逐渐明晰,已成为抢占新一轮港口竞争制高点的现实选择。而作为港口大省的辽宁,港口整合之路却举步维艰,六个主要港口存在腹地重叠、业务重合、过度竞争、重复建设、债务沉重、结构不合理、港口运营状况堪忧等一系列问题,部分港口已经走到了破产边缘。辽宁省多年前曾计划推进港口整合,但由于种种困难,多次启动未果,始终未能破题。

改革发展,强强联合。六港整合,不仅需要大量资金,更需要强大的管理能力和外部资源。招商局集团拥有雄厚财力、全球资源、丰富经验。1872年从船务公司起身、在全球拥有50个港口、央企排名多年领先、曾创"蛇口奇迹"、总资产超过10万亿元的招商局集团无疑是最佳选择。同时,辽港集团将成为招商局港口板块重要的战略支点和规模最大、最完整的港口集团,也将成为招商局集团融入新发展格局的重要平台。

二、港口整合过程

2017年"两会"期间,习近平总书记在参加第十二届全国人民代表大会第五次会议辽宁代表团审议时做出"三个推进"重要指示,即推进供给侧结构性改革、推进国有企业改革发展、推进干部作风转变。此后,通过多次沟通,招商局与辽宁省达成共识,以港口整合作为国有企业改革的突破口。2017年6月10日,招商局与辽宁省政府在沈阳签署《战略合作框架协议》及《港口合作框架协议》,拉开了辽宁港口全面整合的序幕。

（一）大连、营口、盘锦及绥中港区整合

招商局组织数百人中介机构团队,进行充分尽职调查,推动解决了营口港370亿元市场化债转股、豁免A股要约收购、通过经营者集中审查等制约港口整合的难点,同时明确了太平湾项目合法化、地方政府承接公益性资产的后续条件,最终实现了股权如期交割。经过不到两年的攻坚,2019年1月4日,辽港集团在大连挂牌成立。这也标志着大连港、营口港、盘锦港和绥中港区率先完成整合。2019年9月30日,各方完成了辽宁港口集团1.1%股权划转,确立了招商局集团持股51%,省国资委及大连、营口市国资委合计持股49%的股权结构。

（二）整合丹东港

在丹东港整合过程中,凭借前期整合经验,招商局与地方政府充分协商,确定了破产重整的整合方案。经过百余次专题会、调度会、高层会商,首期交割先决条件顺利达成,2020年8月31日,重整后的辽港集团丹东港口集团有限公司正式挂牌成立。在破产重整期间,辽港集团对丹东港运营实施有效管控,确保生产经营平稳过渡。

（三）推进锦州港、葫芦岛港整合

招商局充分尊重锦州港作为上市公司、葫芦岛港作为民营企业的特性,与辽宁省共同研究推进整合方案。目前已和两港达成一体化运营的共识,并积极推动资本层面整合。

（四）打造统一主业运营平台

2020年,为了深化辽宁港口整合效果,进一步提升其在资本市场的影响力和融资能力,发挥港口协同效应,促进港口功能和结构调整,在实现国有资产保值增值的同时更好地服务地方经济发展,招商局启动了大连港股份和营口港股份整合的"东北振兴"项目。2021

年2月9日,大连港以发行A股方式换股吸收合并营口港,大连港证券简称正式变更为"辽港股份","辽港股份"成为辽港集团旗下唯一的上市主业运营平台。这是我国首例港口整合工作中的上市公司整合,具有典型的示范效应,探索出了港口整合中资本市场层面深度整合的一条新路。重组后的新上市公司总资产超过500亿元,进一步提高了辽宁港口在港航界的影响力。

三、整合后的改革创新

(一)优化港口布局,加快一体化进程

成功整合大连、营口以及丹东、盘锦、绥中等港口之后,辽港集团加快完成全省港口整合和一体化运营,规划实施了"一主一副两中心,东西两翼多支点"的港口布局体系(大连、营口为主副中心,锦州、丹东为东西两翼,盘锦、长兴岛、旅顺、绥中为地区服务多支点)。

立足"服务东北振兴、服务国内国际双循环、服务东北亚自贸区"战略使命,围绕大连东北亚国际航运中心建设,辽港集团大力推进"三枢纽、四中心、一通道"建设,即大连外贸集装箱枢纽港、营口内贸集装箱枢纽港、渤海湾滚装枢纽港,以及冷链物流中心、东北亚铁矿石混配中心、东北亚原油分拨中心、商品车转运中心和东北海陆大通道。充分借助政策优势,在新航线开发、新通道建设和环渤海战略等方面持续发力,发挥港口枢纽作用,积极构建高效畅通的物流大通道。

(二)创新体制机制,深化内部改革

辽港集团于成立之初便确立了以组织架构调整为引领,建立"小总部、大产业"管控模式。在实际运营中,辽港集团管控模式改革符合港口整合发展需要,迅速实现了竞争性业务的集中统一管理,提升了整体市场竞争力,为后续全省港口一体化运营奠定了基础。

通过全面对接招商局管控体系,辽港集团的财务体系、风控体系、法律合规体系逐渐达到中央企业管理要求,公司管理水平大幅提升,运行风险明显降低。

(三)瘦体强身,深挖顽疾

整合前,辽宁港口总体能力过剩、资源利用效率不高、机构臃肿、身子过重。"大国企小社会"的发展模式,让辽宁港口如身缠沙袋,步履维艰。还有些机构是无序竞争的产物,建立伊始便盈利微薄,早已沦为"赘肉"。

辽港集团全面移交非企业职能。整合第一年,辽港集团就完成了营口港电视台资产移交、幼儿园管理职能移交,签署"三供一业"移交协议、医疗机构合作协议;推进退休人员社会化管理,提前三个月完成全部1.4万名退休人员社会化移交工作。

推进"411"企业治理。"411"即"四非一低一亏"企业,"非"指非企业职能单位,"低"指盈利低,"亏"指亏损。到2020年年末,辽港集团累计完成治理企业137家,企业户数从451家减少到364家,减亏约15.1亿元,回收资金约11.8亿元,逐渐实现从"止血"到"造血"的良性循环。

四、引入招商系资源

招商局发挥综合央企优势,推动旗下各业务板块与辽港集团加强协同、形成合力。

(一)持续优化辽港集团资本结构

在港口整合过程中,招商局出资 262 亿元,带动银行债转股 370 亿元,同时承担 996 亿元的债务,共计约 1 630 亿元,辽港集团资产负债率由 85.8% 降至 57.4%,债务结构进一步优化,并在成立当年即获得 AAA 信用评级,在资本市场树立了信心。

(二)推动港口航运板块协同

形成"南北互动"港口协同格局,开通内外贸集装箱、粮食、钢材、原油航线等。2020 年年末,辽港集团拥有集装箱航线 170 条,其中外贸航线 90 条,分别较 2018 年增长 6.2% 和 4.7%。

(三)推动物流板块协同

持续优化东北地区物流网络,海铁联运每周开行 262 班,较 2018 年增长 30%,多式联运效率稳居全国首位。积极融入"一带一路",集中资源助力辽宁省唯一的"一带一路"海外项目——辽港集团莫斯科别雷拉斯特物流中心建设运营,2020 年 7 月,首列"辽宁沈阳—莫斯科别雷拉斯特"中欧班列正式运营。

(四)共建大连太平湾合作创新区

2020 年 10 月,招商局和辽宁省政府、大连市政府三方签订了关于太平湾开发项目的协议,以市场化方式积极参与太平湾投资发展,引入深圳前海先行示范区模式,将园区政策优势、企业聚集优势与国企改革三年行动的改革红利优势有机结合,承接区域性国资国企综合改革试点政策落地,联手建设"央企国企转型升级创新发展基地"和"双循环经济创新发展示范区",共同把太平湾打造成新时代东北地区的"新蛇口",以更大力度落实东北振兴战略。

五、港口整合成效

自重组整合以来,辽港集团从优化顶层设计到提升业务实力,从融入全球经济发展到推进港口信息化建设,多措并举、多点发力,全方位提升港口综合服务水平,不断向世界一流强港阔步迈进。尽管受到新冠疫情、经济发展新的下行压力等因素影响,辽港集团仍步履坚实地向任务目标迈进。货物吞吐量累计完成近 20 亿 t,经营业绩全面提升,整体扭亏为盈;散杂货、油品、滚装吞吐量实现连续增长,主要货种市场份额也实现提升;资产负债率逐年下降,财务风险得到有效控制,实现了"开好局、起好步"的预期目标,全力推动世界一流强港愿景落地,成为区域经济社会发展的强劲引擎。

辽港集团借助招商局"百年央企"的品牌影响力,其品牌价值进一步提升,企业形象焕然一新,抗风险能力和市场竞争力显著增强,真正实现了央地合作、多方共赢,得到了国家、

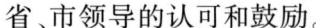

省、市领导的认可和鼓励。

　　辽港集团让改革创新、融合发展的触角延伸到企业的每个角落,将"招商血脉""蛇口基因"融入世界一流强港的建设当中。这艘年轻的"港口旗舰",正在用自身的高质量发展实效去践行新时期建设海洋强国的重要使命。

大连海关、辽港集团开展战略合作
共同推进"两个中心"建设

辛洪福　大连海关

摘　要： 自辽港集团挂牌成立以来，大连海关与其保持紧密合作，联合支持船供燃油企业发展等，持续完善口岸功能和营商环境，打造对外开放新高地。大连海关全力支持辽港集团转型升级、创新发展；辽港集团全力配合大连海关强化监管、优化服务；关港建立三项协同推进机制，保障战略合作有力有序有效推进。通过不懈的努力，大连港集装箱箱量增幅位居全国沿海港口之首，压缩整体通关时间成效明显，大连"跨境贸易"连续两年获得"东北第一"的优异成绩。

关键词： 大连海关；口岸功能；营商环境

自 2019 年辽港集团挂牌成立以来，大连海关与其保持紧密合作，同年 8 月正式签署《大连海关　辽宁港口集团有限公司战略合作备忘录》并开展战略合作。大连海关通过"四个支持"，全力支持辽港集团转型升级、创新发展；辽港集团采取"四项措施"，全力配合大连海关强化监管、优化服务；关港建立"高层定期会晤、分管领导调度、部门具体负责"三项协同推进机制，保障战略合作有力有序有效推进。大连海关与辽港集团战略合作作为关港合作典范，被招商局集团 PMO 列为质效提升的重大举措。

一、典型做法和经验

（一）持续完善口岸功能

一是稳步推进大连港口型国家物流枢纽建设。支持东北海陆大通道建设，出台了支持中欧班列发展工作措施，创新"港铁联通"监管新模式；辽港集团争揽国内沿海及日、韩、东南亚等国家的货物汇集，2022 年完成大连直发中欧班列 1.5 万 TEU，同比增长 24%。辽港集团开辟国内首条东亚至中亚的商品车多式联运通道,大连海关通过优化过境货物监管流程给予支持;2022年,在大连海关的支持下,过境商品车海运+公路物流模式正式启动,为商品车海陆大通道建设提供了全新的联运方案,累计完成过境车辆8 253辆,同比增长102.8%。大连海关持续优化监管方式,双方协同推进内外贸货物"同船运输"。大连海关优化国际转运货物申报和监管流程,支持国际中转业务发展,有助于辽港集团提升中转集装箱作业效率,积极拓展日、韩中转业务。

二是助力保税船供油能力提升。辽港集团与大连海关联合支持船供燃油企业发展。大连海关推出"集出分供""跨关区直供"保税船供油监管新模式;辽港集团优先满足船供企业租罐及作业需求,全力支持业务发展。大连海关批准设立营口港船舶燃料保税库和出口监管库,辽港集团与船供企业合作,开展保税油供应业务,辽宁口岸综合服务能力进一步提升。

三是口岸开放不断扩大。共同推进口岸开放,增设外贸进境粮谷指定泊位、大连海关监管仓库,满足辽港集团提升散装粮食进口能力的需求。辽港集团与大连海关共同推进内外贸集装箱"同场作业"及大连海关特殊监管区域"货物按状态分类监管",有效提高了港区场地的利用率。

(二)打造对外开放新高地

一是对外开放平台不断完善。高标准完成大窑湾综合保税区的验收,打造高质量发展新引擎。大连海关支持辽港集团建设"东北亚中心仓",实现保税与非保税、进口与出口货物的同仓存储、同仓调拨,为打造面向日韩的商品集拼分拨中心奠定基础。

二是激活新业态,发展新动能。关港积极支持市场采购试点建设,保障首批以市场采购模式出口的货物在大窑湾顺利出口,2022年市场采购出口额达3.62亿美元。关港积极支持大连出口二手车试点建设。2022年年末,大连海关采用"随到随检、即验即放"模式,高效完成首批1 419辆二手车验放工作。丹东港建设互市贸易专用卡口并与大连海关总署联通,关港全力支持互市贸易进口商品落地加工新业态发展。

三是创新监管模式,助力保稳提质。大连海关不断创新监管模式,支持辽港集团抢抓市场机遇,在全国率先开展"保税混矿"、"多国别保税混矿"及"保税筛分"等业务,不断提升辽港集团的核心竞争力。

(三)持续优化口岸营商环境

一是多措并举稳外贸。大连海关出台多项便利化支持措施,辽港集团出台专项支持政策,有效帮助冷链企业应对疫情影响,促进外贸稳定发展。大连海关出台便利AEO企业16条措施,辽港集团推出8项举措,共同支持外贸企业发展。

二是监管模式创新提效率。辽港集团与大连海关协同推进"船边直提、抵港直装",进一步提升港口作业效率。大连海关将查验指令前置于卸船前,实现了40%进口查验集装箱集中于查验场地堆放,大幅提升查验作业效率。大连海关将外贸重箱调整为抽查核验,营口港作业效率提升近一倍。

三是实现物流供应链安全畅通。民生物资供应得到保障。关港协同做好"六稳""六保"工作。大连海关出台专项举措支持冷链物流发展,辽港集团持续完善冷链基础设施,保

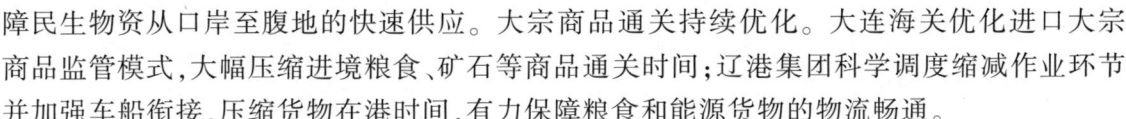

障民生物资从口岸至腹地的快速供应。大宗商品通关持续优化。大连海关优化进口大宗商品监管模式,大幅压缩进境粮食、矿石等商品通关时间;辽港集团科学调度缩减作业环节并加强车船衔接,压缩货物在港时间,有力保障粮食和能源货物的物流畅通。

二、实践效果

一是口岸功能得到提升。截至 2022 年年末,已完成 61 个合作项目。随着各项目的落地与实施,大连口岸功能不断完善,通关效率大幅提升,口岸环境持续优化。2022 年,辽港集团集装箱量首次突破 1 000 万标箱,大连港集装箱箱量增长 21.4%,增幅位居全国沿海港口之首。

二是压缩整体通关时间成效明显。建立压缩整体通关时间联系配合机制,定向通报突发和异常情况。大连海关开展压缩整体通关时间专项行动,加快货物口岸提离。2022 年,大连关区进出口整体通关时间为 35.83 h、0.95 h,分别较 2021 年压缩 27%、31%,较 2017 年压缩 70%、94%,均低于全国平均时长,创历史最优水平。

三是营商环境得到优化。加强合作促进贸易便利化,优化营商环境,在国家发改委组织的中国营商环境评价中,大连"跨境贸易"再次获评全国标杆经验,连续两年获得"东北第一"的优异成绩。

辽宁港口深度整合　奋力推进高质量发展

殷明志　辽宁港口集团有限公司航建办

摘　要：推进供给侧结构性改革和推进国有企业改革是辽宁振兴的必由之路,东北振兴从辽宁起步,辽宁振兴从港口突破。以港口资源整合作为推进辽宁国有企业改革的突破口,辽宁港口响应号召向规模、质量并重的高质量发展转变;推进港口资源整合,解决各港之间重复建设、过度竞争、债务包袱沉重、发展举步维艰等核心问题;落实建设大连东北亚国际航运中心、国际物流中心和东北海陆大通道三大中心任务;实现港口规划布局一体化、资源配置一体化、业务协同一体化,重塑了辽宁港口发展格局,树立了港口行业央地合作的标杆。

关键词：辽宁港口;资源整合;高质量发展

党的十八大以来,习近平总书记对港口发展做出一系列重要指示,特别是"一流设施、一流技术、一流管理、一流服务""打造世界一流强港"的嘱托,在更开阔的视野上对港口进行谋篇布局,为港口发展指明了方向,提供了根本遵循。辽宁港口随之向规模、质量并重的高质量发展转变,推进港口资源整合,解决各港之间重复建设、过度竞争、债务包袱沉重、发展举步维艰等核心问题;实现港口规划布局一体化、资源配置一体化、业务协同一体化,重塑了辽宁港口发展格局,树立了港口行业央地合作的标杆;进一步提升航运中心服务能级,加快东北亚枢纽港建设,完善东北海陆大通道布局,打造智慧绿色平安港口;实现了港口发展新的跨越,为更好地服务助力东北振兴、东北亚国际航运中心建设以及区域经济社会更好更快发展做出贡献。

一、典型做法

(一)深度整合港口资源

2017年3月,习近平总书记在参加第十二届全国人民代表大会第五次会议辽宁代表团审议时指出"推进供给侧结构性改革和推进国有企业改革是辽宁振兴的必由之路"。招商局集团迅速与辽宁省委省政府达成共识,东北振兴从辽宁起步,辽宁振兴从港口突破。以港口资源整合作为推进辽宁国有企业改革的突破口,开展"央地"合作,服务东北振兴。2017年6月,招商局集团与辽宁省政府签署《战略合作框架协议》及《港口合作框架协议》。2019年1月4日,辽港集团正式挂牌成立,整合大连港、营口港、盘锦港、绥中港。2020年8月,我国首例大型港口集团——丹东港破产重整。

辽港集团在组建之初便紧紧围绕打造世界一流强港的战略愿景,深化改革,加速融合,三个"一体化"使大连、营口两个百年老港焕发了新的活力。

图1 大连港集装箱码头

1.规划布局一体化

通过科学规划港口布局,有效地解决了省内港口重复建设的问题,"一个中心、东西两翼"港口布局更加清晰。"一个中心"即大连港+营口港,是东北亚国际航运中心核心港区;"东翼"即地处黄海的丹东港,是东北"东边沿线区域"的主要集散港;"西翼"即地处渤海的锦州港+盘锦港,是辽西地区和蒙东地区的主要集散港。

2.资源配置一体化

整合升级全港物流链条业务,以客户需求为导向,对接客户的采购、生产、销售、配送全供应链体系,从市场分析、物流项目策划、成本控制、安全监管、服务质量等方面为客户提供供应链一体化解决方案和综合服务。

3.业务协同一体化

构建主营业务一体化管理体系,统筹协调各货类的发展重点、商务策略及市场拓展方向。依托智慧港口建设,实现全港域码头作业系统有效衔接,全面提升码头整体装卸效率和柔性化服务水平。创新打造大连—营口、大连—丹东、营口—盘锦等组合港服务模式;协同招商局旗下港口和船公司,为南北海运物流大通道建设注入了新动能。

(二)推进港口高质量发展

辽港集团在深度整合的同时,围绕"高质量发展"这一主线,聚焦港口主责主业,认真谋划短期以及中长期发展的目标、思路和举措,落实建设大连东北亚国际航运中心、国际物流中心和东北海陆大通道三大中心任务。

1.提升航运中心服务能级

一是加快港口基础设施建设,实现能力的全面提升,提升船舶作业效率,降低客户成本。二是完善优化口岸环境,与口岸单位联动,具备全链条政策创新优势,推动自贸港政策先行先试。三是提升综合服务水平,以客户需求为导向,通过提供全程物流、供应链服务等定制化、个性化服务,提高客户体验感和客户黏性。

2.加快东北亚枢纽港建设

进一步拓展国际航线网络布局,强化外贸集装箱干线港地位,加强与船公司合作,稳定欧洲、非洲等远洋干线以及日韩、东盟等近洋航线,提升对"一带一路"沿线地区航线覆盖能力。深化与环渤海、长三角、珠三角港口间合作,新增南北内贸航线,壮大东北亚中转业务,积极打造"干支线互补""近远洋兼备""内外贸联动"的中转分拨体系。

3.完善东北海陆大通道布局

一是优化多式联运组织水平,依托主要物流节点转运设施,提高多式联运转换效率,完善多式联运服务体系。二是依托海外枢纽别雷拉斯特物流中心项目,打造中欧班列在莫斯科区域的中欧班列集结中心,提升境外物流节点的联运、转运和集散能力。三是优化中欧班列网络布局,借助"班列+班轮"优势,将大连打造成日韩货物西进欧洲和欧洲货物东达日韩的集散地,服务辽宁沿海经济带对外开放,助力东北地区打造外向型经济发展新高地。

4.打造智慧港口

建设"大窑湾·智慧港口2.0"项目,积极拓展"数字+服务",强化技术创新,挖掘大数据价值,推动5G、人工智能、自动化、区块链、云计算、物联网等技术与传统港口业务结合。从码头装卸领域不断向全链条物流网络等方面延伸,打造"互联网+港口、物流、商贸、金融"平台型业务模式。

图2 营口港集装箱码头

二、整合效果及创新经验

整合三年来,辽港集团的货物吞吐量较整合前增长 10%,年均复合增长率为 3.09%;集装箱吞吐量增长 6.8%,年均复合增长率为 1.67%;散杂货吞吐量增长 35%,年均复合增长率超过 10%;班轮航线总数增长 8%,航运中心枢纽港实力进一步增强。以港口为核心的海陆大通道建设快速推进,海铁联运服务能力逐年提升,班列每周开行 256 列,增幅达 27%。中欧班列快速发展,年开行班列 310 列,成功贯通全国首条"东亚—中亚"商品车过境运输国际物流大通道,实现我国东西向商品车海铁联运过境运输"零"的突破。别雷拉斯特物流中心充分发挥海外枢纽作用,业务覆盖俄罗斯以及国内长沙、沈阳等 22 个城市。口岸通关环境大幅改善,2022 年大连关区进出口整体通关时间分别较 2017 年压缩 70%、94%。新冠疫情期间,在疫情反复冲击中,实现了保通保畅,维护了腹地企业产业供应链的稳定。

辽港整合以来的生动实践向党中央、国务院交出了一份高质量的答卷,践行了习近平总书记对东北振兴和国企改革的殷殷嘱托。国务院国资委、交通运输部等部委将辽港集团作为央地合作的标杆和典范。

辽宁港口整合高质量发展有三点创新经验可供参考:

首先,港口要实现服务国家战略和区域经济发展的社会属性与企业属性的辩证统一。港口的发展首先要坚决服务国家战略,全面服务区域经济发展,以港兴市、港城共荣。辽港的初心就是服务于辽宁发展的大局,肩负着助力东北振兴、助力东北亚国际航运中心建设的国家使命。

其次,坚持"市场化、法治化"是港口改革发展之本。区别于我国大多数省份以行政方式推进港口整合工作,辽宁省率先以"市场化、法治化"方式引入招商局集团实施港口整合,增强市场机制下港口的内生动力,使港口企业通过自我循环、革除积弊提高核心竞争力。辽宁省给予招商局集团充分信任,最大限度地激发了双方的合作动力。招商局集团倾力投入,持续输入资金、业务资源、人力资源和管理经验;地方政府持续创新政策、优化营商环境,滚动推出落实港口整合成果务实举措百余项,合力为辽港集团做强、做优、做大创造了有利条件。

再次,新时期港口应加快实现高质量可持续发展。既看重规模,更看重结构;既看重效益,更看重风险;既看重当前,更看重可持续。辽港集团自成立以来,也一直将确保质量和效益放在首位。一是深化企业改革发展,扎实推进企业"压减"工作,启动"四非一低一亏"(非战略企业、非主控企业、非主营企业、非相关企业、低效企业、亏损企业)企业治理,加快处置低效、无效资产,金融资产去化、房地产去化工作成效显著。二是深入落实国有企业改革三年行动,全面推动剥离企业办社会职能工作,助力辽港集团轻装上阵、稳步前行。三是对标央企管理标准,完善风险管理体系和合规管理体系建设,确保企业治理依法合规,深入开展质效提升工程,切实提升精细化管理水平。

图3　大窑湾港区集装箱码头

三、面临的问题及其解决措施

当前,我们正经历百年未有之大变局,国际格局和国际体系正在发生深刻调整,港航业也在经历着深刻变化,中国港口市场进入存量博弈的特征明显,环渤海区域港口间竞争日益激烈,黑龙江、吉林两省"借港出海"范围进一步扩大,未来对辽港集团提升东北海陆大通道综合服务能力造成潜在冲击。同时,辽宁港口内部仍存在着港口资源与产业需求错配,产业数字化进程亟待加快,市场竞争意识和能力有待持续提升,低效、无效资产亟待盘活等现实问题。

大变局带来大挑战,也带来大机遇。党中央、国务院高度重视东北振兴,持续推进东北地区深化改革的政策将陆续出台,东北经济发展将面临新一轮利好。辽港集团将把握这一转型发展的关键窗口期,锚定"打造世界一流强港"战略目标,推进"东北亚国际航运中心、东北亚国际物流中心、东北海陆大通道"三大中心任务,勇担新时代港口的使命,推动高质量可持续发展迈上新台阶。

一是聚焦国家战略,加快融入"双循环"新发展格局。推进三大中心任务,强化航线网络体系建设,优化海铁联运网络布局,加大中欧班列开发力度,全力助推区域经济发展。

二是优化客户服务,稳存量、扩增量。创建辽港服务品牌,改"坐商"为"行商",降低综合物流成本,提高全程效率,提升物流通道竞争力,深挖市场潜力。

三是推动合作共赢,构建互惠互利生态圈。深化政企合作,加快落实大连市促进东北亚国际航运中心和国际物流中心全面振兴新突破的支持政策,以"实"策助"增"量。强化关港合作,持续优化口岸功能,以软环境建设助推航运中心发展。深化路港联动,加强南北港航协同,加强大客户战略合作,共同构建港航物流协同发展新格局。

四是加快赋能升级,全面提升港口服务能力。推进全省港口高质量发展工程,推动太平湾港区开发和大连港、营口港码头升级改扩建等工程,全面补齐生产短板、提升公共服务能力。

五是聚焦科技创新,打造"数字辽港"。总结提炼"大窑湾·智慧港口 2.0"项目成功经验,加快研发建设业内一流的大宗散杂货智能操作 BTOS 系统,大力推动数字成果的落地转化,有序开展"关检税汇"平台、东北海陆大通道综合运输公共服务平台等重点项目建设。

环渤海集装箱中转业务稳健迈进
为大连东北亚国际航运中心建设续航增速

任　刚　大连集发环渤海集装箱运输有限公司
吴毅刚　大连集发环渤海集装箱运输有限公司

摘　要： 经过20多年的发展积淀,辽港集团旗下大连集发环渤海集装箱运输有限公司与口岸20余家内外贸干线建立了长期稳定的战略合作关系,在航线运营提效、合作模式创新、资源配置高效方面持续深度挖掘合作潜力。面对新冠疫情叠加国际复杂形势所带来的不确定性和风险挑战,DBR以建设发展大连港区域为中转枢纽港的环渤海集装箱内支线服务网络为使命,通过持续完善环渤海集装箱内支线服务网络、提升航线运营能力、研发创新物流模式和提升市场反应速度,打造出辽港集团"海上集装箱巴士服务"新品牌,推动口岸运量稳增。

关键词： DBR;环渤海内支线服务;集装箱中转

近年来,新冠疫情叠加国际复杂形势,不确定性和风险挑战明显增多,航运市场稳定性减弱,区域竞争持续增强。为打破大连口岸传统腹地局限,释放大连口岸航运服务功能,发挥口岸航运服务优势,推动港口吞吐量稳增,辽港集团旗下大连集发环渤海集装箱运输有限公司专业经营环渤海集装箱内支线20多年,以建设发展大连港区域为中转枢纽港的环渤海集装箱内支线服务网络为使命,通过持续完善环渤海集装箱内支线服务网络、提升航线运营能力、研发创新物流模式和提升市场反应速度,打造出辽港集团"海上集装箱巴士服务"新品牌,推动口岸运量稳增。2022年,实现运量60.7万TEU,较2021年同期增长68%;实现吞吐量83.7万TEU,占大连口岸集装箱总吞吐量的近20%;累计完成吞吐量104.4万TEU(不含锦州港),占辽港集团年度总吞吐量的10.4%(占大连口岸吞吐量的20%)。2023年前10个月,实现运量59.1万TEU,较2022年同期增长24.8%。

一、典型做法和经验

(一)"扩线增点"插红旗,抢占市场话语权

经过多年发展,DBR 现已建成以大连港为中转中心,东抵辽宁,西通津冀,南至山东,远达苏浙的集装箱区域集散网络,稳定运营 16 条航线,即大连港至鲅鱼圈港、大连港至锦州港、大连港至丹东港、大连港至盘锦港、大连港至庄河港、大连港至秦皇岛港、大连港至黄骅港、大连港至曹妃甸港、大连港至青岛港、大连港至日照港、大连港至龙口港、大连港至威海港、大连港至烟台港、大连港至潍坊港、大连港至连云港港、大连港至宁波港内支线。各条支线保持 2~5 个航次的周班服务效率,并基于市场走势灵活调整班期和运力供应,以满足市场高质量发展的需求。目前,DBR 在 16 个支线港口及后方内陆地区派驻专业市场一线人员,在河北秦皇岛、曹妃甸,山东烟台设立分、子公司,深入各地方市场开发与合作。

2023 年,根据市场需求,DBR 又在江苏连云港、辽宁丹东和鲅鱼圈开设业务联络处,地区服务能力得到进一步增强。通过定点定人,深耕"临海腹地"的市场货源,拓展"内陆腹地"的市场空白;通过"扩线增点"精准插红旗,挖掘潜在货源。

(二)海铁联通新路径,增强"双链"坚韧性

DBR 在不断完善环渤海服务网络建设的同时,加强海铁联运服务产品的创新和服务能力的提升。

以大连口岸为海铁联运交互站,朝阳地区的水泥常年稳定发铁路接转大连支线南下,DBR 在运力部署、箱源保障、运输效率方面做好各环节衔接,全力保障东北水泥全年稳定供应至山东、江苏等地区。

2022 年 4 月,在新冠疫情形势严峻、公路交通管制严格、集疏运受限的困境下,DBR 打通了"鲁西南—日照港—东北"海铁联运新通道,极大地提升了山东与东北区域间供应链、产业链的韧性和抗风险能力,保通保畅,为环渤海区域稳定商贸往来注入新的动能与活力,从而更好地服务于国家内循环战略。

图 1 DBR 打通"鲁西南—日照港—东北"海铁联运新通道

(三) 多基点耦合,提升全域服务效能

DBR 以支线点为服务基点,利用陆域公路、铁路资源合作,以高密度、不断完善的支线服务网络为依托,不断提升"门到门"一站式服务终端客户的能力。于东北、华北、华东区域间,DBR 高效配置船舶箱源,为客户提供跨区域、多模式、高效经济的物流解决方案。在新冠疫情防控期间,不同区域、不同时点物流中断的痛点严重阻碍了客户的发货计划,DBR 利用多基点服务优势,打通区域间资源共享通道,建立协同工作机制,为客户搭建可跨区域出运下水的最优物流方案。将海上运输与地面物流相结合,通过散改集、公转水等多种物流方案疏通堵点,完善"门到门""重去重回"的全程服务模式,为客户提供一站式的物流解决方案和畅通的大连中转全程物流服务,最大化释放多基点服务功能,提升全域服务效能。

(四) 支干联网互济,提升口岸外贸服务能力

近年来,在多种因素作用下,国际航运市场呈现船舶作业效率低下、运力箱源不足等不利于外贸航线稳定运营的情况。DBR 积极应对不利局面,通过与口岸干线在市场共同开拓、班期高频协同、运力灵活调配、箱源高效配置等方面深度合作,将环渤海支线与口岸干线航线网络全面融合。在做好资源全面保障的同时,为鼓励引流华北、华东地区外贸货源,DBR 基于不同地区外贸市场特点,有针对性地调整支线运价、牺牲收益,最大限度地解决因口岸干线运价高涨、客户外流的问题。DBR 全力打造支干联网互济发展新模式,增强口岸外贸服务的能力,促进口岸外贸航线的健康发展,为口岸航运中心建设创造新价值。

二、实践效果和未来发展

经过 20 多年发展积淀,DBR 与口岸 20 余家内外贸干线建立了长期稳定的战略合作关系,在航线运营提效、合作模式创新、资源配置高效方面持续深度挖掘合作潜力。支干联网将为口岸打造航运合作新平台,聚集效能,为进一步提升口岸航运服务能力注入新活力。

DBR 作为辽港集团环渤海扩增量战略的重要抓手,肩负着扩增海向腹地,建设环渤海支线中转网络,优化辽港集团各个区域港口的业务布局,抵御周边港口集团竞争及为口岸补短板、扩增量的重要使命。在集团的大力支持下,DBR 将坚定落实"扩增量"战略,持续完善环渤海内支线服务网络,不断增强研发创新服务产品的能力,提升航线运营效率,加快市场反应速度,更好地助力大连东北亚国际航运中心和国际物流中心的建设与发展。

大连海关推进保税仓储
"物联网+分类监管"新模式

李 岩 大连海关

摘 要： 大连海关利用科技手段赋能海关监管，创新"物联网+分类监管"模式，应用"物联网"技术，对仓储货物实行电子身份管理，当非保税货物与保税货物进行性质互转时，只需更换货物电子标识，即完成身份转变。综合保税区内仓储企业在满足视频监控、库位标识、货物电子标识等条件的前提下，解决综合保税区内保税仓储货物反复移库的问题，推进物流行业市场主体降本增效，提高海关监管水平，助力东北亚区域性物流中心建设。

关键词： 大连海关；保税仓储；物联网

为贯彻落实国务院印发的《中国（辽宁）自由贸易试验区总体方案》中"建设区域性国际物流中心"的任务要求，根据海关总署关于加快"智慧海关"建设、实施"智关强国"行动的工作部署，大连海关利用科技手段赋能海关监管，创新"物联网+分类监管"模式，综合保税区内仓储企业在满足视频监控、库位标识、货物电子标识等条件的前提下，可允许保税货物与非保税货物通过电子标识进行分类管理，解决综合保税区内保税仓储货物反复移库的问题，推进物流行业市场主体降本增效，助力东北亚区域性物流中心建设。

一、典型做法和经验

企业应用"物联网"技术，对仓储货物实行电子身份管理，对货物赋予电子标识，记录货物属性、重量等信息，非保税货物与保税货物即使同仓存储，也能够做到区分管理。当非保税货物与保税货物进行性质互转时，不需要移动货物位置，只更换货物电子标识，即完成身份转变。海关通过信息化管理手段，实时掌控仓储货物的状态。海关通过与企业 WMS 系统对接、远程监控实时掌握仓储货物身份信息，快速查找货物位置；通过手持终端扫描货物

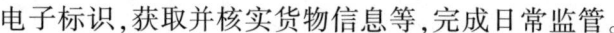

电子标识,获取并核实货物信息等,完成日常监管。

创新前:应按照保税或非保税状态在对应区域内存放仓储货物,货物性质发生改变时,需要动用人力、叉车进行移库,将其搬运至对应区域。如冷链货物移库时,1 000 t货物就需要4名工人及叉车,人工和时间等成本较高。

创新后:当非保税货物与保税货物进行性质互转时,只更换货物电子标识,即完成身份转变,无须对货物进行实质性搬移,解决了反复移库带来的成本高的问题。

二、实践效果

一是实现精准监管,提高海关监管水平。借助物联网技术可以随时通过货物的电子标识确认货物位置,实现了全过程监控、留痕,较传统模式海关监管更加严密和便捷,做到了智能监管、精准监管。

二是降低企业成本,助企纾困解难。满足了综合保税区内仓储企业节约生产成本的现实需求,有利于增强企业竞争力。以大连大窑湾综合保税区内某冷链物流有限公司为例,试点一年以来,该模式下累计处理保税转非保税不移库货物5万t,为企业节省物流成本约100万元。

三、未来发展

大连海关将继续开展对自贸试验区和综合保税区内保税仓储企业需求的调研,加大复制推广力度。同时,建议地方政府、相关行业协会加大对冷链仓储行业的支持和补贴力度,不断通过新技术应用降低企业成本、提高效率,提升企业竞争力,并将该创新逐步推广至更多有需求的企业,持续优化营商环境。建议企业继续加强内部管理,提高信息化管理水平,确保货物流、信息流真实准确。

第二章

优化措施提升海事服务

海事服务是航运与物流行业的重要组成部分,包括船舶监管、危险品管理、海上搜救等多个方面。为了提高服务质量、优化监管措施,海事部门采取了一系列创新举措。这些举措有助于提高效率、降低成本,同时保障了海上运输的安全和畅通。

本章介绍了一些采取优化措施提升海事服务的案例。这些案例涉及进口汽车智能化监管、物流信息化监管等多个方面,展示了海事服务的最新发展和创新成果。

大连海关创新举措
推进进口汽车智能化监管

崔鹏伟　大连海关

蓝运昶　大连海关

摘　要：为了助力大连汽车码头的蓬勃发展，加速大连成为东北亚商品车转运中心的进程，大连海关下辖的大窑湾海关主动深入大连汽车码头，展开多维度、高频次的交流协作，细致剖析企业在成长道路上遭遇的瓶颈与挑战。借助前沿的信息化技术手段，海关部门锐意创新监管模式，对进口货物实施智能卡口系统自动验放，极大地提升了通关效率。通过引入 RFID 技术，结合 IC 卡与车辆 VIN 码的绑定机制，实现了车辆放行过程的精准管理与高效运作，即"瞬间过卡，无感通行"，有效降低了车辆损坏的风险，为企业规避了不必要的经济损失。这一系列举措不仅强化了大连汽车码头作为汽车滚装枢纽港的地位，还为其构建东北亚商品车转运中心、提升大连口岸在汽车进出口领域的竞争力奠定了坚实基础。

关键词：智能卡口；VIN 码；RFID 技术

为支持大连汽车码头发展，推动大连东北亚商品车转运中心建设，大连海关下辖的大窑湾海关于 2019 年成立工作专班，深入大连汽车码头进行多业务、多频次的沟通协调，了解企业发展中遇到的难点和痛点，通过运用先进的信息化技术，创新监管模式，在进口汽车智慧化监管方面取得新突破，为大连汽车码头打造汽车滚装枢纽港、建设东北亚商品车转运中心、提升大连口岸汽车进出口地位提供了有效的支持。

一、典型做法和经验

目前对进口货物，海关应用智能卡口系统实现自动验放。智能卡口系统实现了卡口核放数据和舱单系统、物流底账系统互联互通，是提升物流监管效率的重要举措。但是大窑湾海关在派员走访企业调研时，发现了在应用智能卡口系统对以滚装模式进口的商品汽车实施监管方面一些新的问题。由于没有车辆牌照，海关放行的汽车必须装载至一台轿运车上，方能通过智能卡口系统出卡，前后装卸一次，需要 30 min。企业需承担运输、装卸和人工作业等费用，增加了企业的业务成本。同时，在多次的装卸过程中，容易发生磕碰、剐蹭的情况，将会给企业带来更大的损失。

大窑湾海关在了解到这一情况后，坚决以问题为导向，加强与企业沟通交流，共同研究优化监管模式的方案。经过研究，大窑湾海关针对汽车这类特殊商品，根据商品车本身可移动和 VIN 码唯一性这两个特点，创新监管模式，确定了在智能卡口监管中采用 IC 卡绑定 VIN 码和海关放行信息的方式，即在每台车下船的时候就将 VIN 码等信息读写到 IC 卡上，放置于车内，这台车就有了它的"通行证"。商品车在过卡时读取 IC 卡信息进行核验，即可实现自动验放，将原来用轿运车背车出卡的模式变成现在单车出卡模式，解决了车辆出卡问题。

利用 VIN 码的唯一性，大窑湾海关进一步将 RFID 技术应用在过境商品车监管中。海关办结过境商品车放行手续后，汽车码头 RFID 设备扫描识别放行车辆，并办理过境车辆装运手续，改变了以往需要人工凭纸质单证办理放行的操作模式，提升了工作效率，也降低了人工核对纸质单证带来的监管风险。

二、实践效果

2020 年 6 月，大窑湾海关应用 RFID 技术，采用 IC 卡绑定车辆 VIN 识别码和海关放行信息的方式，顺利通过大窑湾大连汽车码头监管作业场所智能卡口系统放行出卡。这是全国各汽车进出口口岸首次将 VIN 码应用于进口汽车物流监管中。在新模式下不仅实现了"秒闪过卡，无感通行"的单车放行精细化管理，还规避了车损风险，避免了企业无谓的损失。该管理模式自应用以来，累计验放 3 万多辆进口商品车，在原轿运车背车出卡模式下，以每台车的装卸、运输成本约为 200 元计算，累计为企业节省直接成本达 600 万元以上。

图1　商品车放行出卡

同样,通过应用 RFID 技术,过境商品车办理放行、装载、发运手续实现了无纸化和信息化,为企业节省了时间成本和人力成本,提升了物流企业的经济效益和业务竞争力,有力地支持了东北亚商品车海陆联运新通道发展建设。

三、未来发展

以满足企业实际需求和提升海关监管效能为导向,进一步创新监管模式,充分发挥 RFID 技术和 VIN 码在商品车监管中的优势、特点,结合视频监控系统实现在库车辆的精准定位,推进对场所在库车辆的无感监控、无感巡查、顺势监管,帮助企业提升进出境商品车口岸物流效率,促进东北亚商品车转运中心的发展建设。

大连海关推进物流信息化监管
提升口岸贸易便利化水平

崔鹏伟　大连海关

蓝运昶　大连海关

摘　要：为了加速大连外向型经济的蓬勃发展并优化口岸营商环境,大连海关积极引领智慧海关建设的新浪潮,致力于实施口岸物流的智能化监管策略。通过减少货物查验的等待时长,显著提升了通关效率,为外贸行业的高质量发展注入了强劲动力。大连海关综合运用了物流监控子系统和"云处置"智慧平台,创新性地推行了一系列信息化监管举措。这些措施不仅优化了监管流程,增强了管理效能,还极大地提升了口岸物流作业的实际效率与业务办理的便捷性,有效地促进了口岸物流效率与贸易便利化水平的显著提升,为大连乃至整个东北亚地区的国际贸易发展贡献了重要力量。

关键词：物流监控子系统;"云处置";信息化监管

为促进大连外向型经济发展,优化口岸营商环境,大连海关积极推进智慧海关建设,实施口岸物流信息化监管,进一步提升了智能化监管水平,助推外贸高质量发展。大连海关综合应用物流监控子系统和"云处置"智慧平台,采取进出口货物无纸化放行、货物调转信息化管理、异常情况处置线上办理、查验信息自动化统计等信息化监管措施,优化监管流程,提高管理效能,真正做到了让数据多"跑路",让群众少跑腿,有效地提升了口岸的物流效率和贸易便利化水平。

一、典型做法和经验

(一)推进进出口货物无纸化放行

2018年,大连海关开发建设了大连海关物流监控子系统(以下简称"物流系统"),并在

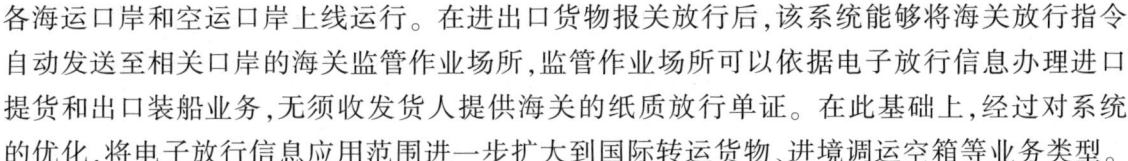

各海运口岸和空运口岸上线运行。在进出口货物报关放行后,该系统能够将海关放行指令自动发送至相关口岸的海关监管作业场所,监管作业场所可以依据电子放行信息办理进口提货和出口装船业务,无须收发货人提供海关的纸质放行单证。在此基础上,经过对系统的优化,将电子放行信息应用范围进一步扩大到国际转运货物、进境调运空箱等业务类型。

（二）实施货物口岸查验和调拨流转的信息化管理

物流系统通过调用总署业务系统的数据信息,将进出口货物的口岸查验指令自动推送至相关的监管作业场所。监管作业场所可以依据查验指令提前做好货物查验准备工作,减少查验等待时间,提高查验货物的通关效率。物流系统的"分拨分流""查验转场"实现了海关监管货物在口岸不同场所间流转的信息化管理,系统将"分拨分流""查验转场"等业务的电子信息发送至相关监管作业场所,取消了纸质单据办理手续,简化了办理流程,提高了业务办理效率。物流系统的"查验无异常"业务统计功能,可以快速统计"查验无异常"业务数据信息,能有力地支持"免除查验没有问题外贸企业吊装移位仓储费用"国家政策的开展实施。

（三）应用"云处置"模式开展异常情况处置线上办理

2022年,大连海关进一步完善口岸信息化监管工作,先期在大窑湾口岸试点应用以线上"云处置"模式代替纸质单证办理模式,创新海关口岸物流业务异常情况核查处置业务。企业需要办理进出口放行指令异常核查处置、运抵重置、运抵删除等口岸物流异常情况处置业务时,可以通过"云处置"办理系统,线上提交异常情况核查处置申请,无须携带相关纸质材料往返场所和海关。海关在通过"云处置"系统收到企业申请后,通过海关业务系统进行处置操作,并将操作结果反馈至相关场所和申请企业,实现异常情况处置线上办理。

二、实践效果

（一）大幅度提升了口岸的实际物流作业效率

相比纸质放行单证或者纸质查验单证,电子放行指令或者电子查验信息可以第一时间自动发送至监管作业场所,场所收到指令后即可依据业务类型提前安排作业生产计划,可以更加有效地统筹规划港区物流作业。同时,电子放行信息也解决了非工作日无法办理纸质单证的问题,保证了口岸生产作业的持续性。辽港集团、机场集团等口岸作业单位,配合进行了本单位场所作业系统的升级优化,将海关的电子放行信息嵌入作业系统中,实现海关放行信息到企业生产作业管理流程的无缝衔接,更加有效地提升了口岸的实际作业效率。

（二）简化了业务办理流程,提高了业务办理效率

进出口企业往往是在办理提货或入港出运等关键时间才会发现由于系统、网络故障等原因出现的指令异常情况。所以口岸物流异常情况处置业务有时间紧、任务重的特点,如果不及时、准确办理,就有可能造成疏港阻塞、"脱船"等情况,使企业承受经济损失。"云处置"线上办理模式可解决这一难题,企业原来办理每笔业务都需要在码头和海关之间折返

跑,单笔业务办理时间平均需要 4 h,采用线上办理后,缩短到最快 2~3 min 即可完成,大幅提高了办理效率。同时,企业可 7×24 h 在线办理业务,足不出户即可完成相关工作。

三、未来发展

优化服务意识、提升服务水平,结合口岸物流发展的实际情况,不断完善优化大连海关物流监控子系统的业务功能,满足海关监管业务和港口企业发展的新需要。推进信息化监管向"直装直提"、中欧班列等业务推广,持续推进口岸监管环节的数字化、智能化、便利化,进一步降低企业办事成本,提升口岸通关效率,促进口岸营商环境优化改善。

大连海关推进"船边直提"
"抵港直装"常态化运行助力口岸通关再提速

崔鹏伟　大连海关

蓝运昶　大连海关

摘　要： 近年来,大连海关积极响应海关总署号召,全面执行跨境贸易便利化及营商环境优化的各项战略部署,积极推动"船边直提"与"抵港直装"模式的常态化运行。通过精心构建全链条物流监控体系,确保了货物在卸船与装船环节的无缝衔接与高效流转,同时开辟绿色通道,拓宽政策宣传的覆盖面,以提高市场认知度。为了进一步强化这一模式的实施效果,大连海关建立了三方协同合作机制,并加速推进"直装直提"信息化管理平台的研发与应用,此举有效地缓解了外贸泊位资源紧张及货物堆场库存积压的双重压力。

关键词： 船边直提;抵港直装;物流效率

《国务院办公厅关于进一步优化营商环境更好服务市场主体的实施意见》(国办发〔2020〕24号)提出"在符合条件的监管作业场所开展进口货物'船边直提'和出口货物'抵港直装'试点"。其中,"船边直提"改革是以进口货物向海关提前申报为基础,企业充分利用货物在途运输时间办理报关申报、单证审核、税款缴纳等通关手续,有关进境船舶抵港后,放行货物即可实现企业车辆从船边直接接卸、提货;与之对应的"抵港直装"改革,是以出口货物向海关提前申报为基础,在港口船舶截关前直接将货物运抵码头,货物即被放行并装船出口。近年来,大连海关积极贯彻落实海关总署关于促进跨境贸易便利化及优化营商环境的各项措施,积极推进"直装直提"常态化运行,不断提升应用比例及扩大应用范围,取得了良好成效。

图1 "直装直提"现场

一、典型做法和经验

（一）内外合力，统筹推进"直装直提"改革落地实施

对内加强政策研究，对具备"船边直提"条件的进口货物，制定"前置审核、船边直提、智能卡口验放"全流程物流监控模式，对于出口适合"抵港直装"货物，采取"提前申报、货物放行、集港装船"的模式，确保货物卸船、装船全程"未落地"无缝高效对接，开通"船边直提"和"抵港直装"绿色通道。对外扩大政策宣传面，通过关企座谈、海关融媒体等途径，企业能够及时充分了解海关改革举措和政策要点，鼓励指导相关企业根据实际需要采取"直装直提"口岸作业模式。

（二）加强与港口企业、船代企业的联系合作，建立三方协作机制

推动港口企业优化作业、结费等流程，提高业务办理效率；协调港口企业和船公司之间采取电子换单、提前换单等便利化措施，打通信息交互堵点；分析监控船舶抵离港、装卸状态，及时通知相关企业提前做好"直装直提"准备。

（三）着手推进"直装直提"信息化管理系统的建设应用

通过应用信息化管理系统，可以实现"直装直提"业务的无纸化办理和电子信息放行，从而解决了前期使用纸质单据办理"直装直提"业务时存在的工作效率不高、企业办理不方便的问题。企业可以提前制订作业计划，有更充裕的时间安排车辆进港，提高了车辆的使用效率，从而实现了货物从货轮到企业的无缝衔接。同时，信息化管理系统可以自动进行前期数据验核和后续信息校验，既简化了验核流程，又加强了风险防范，有利于"直装直提"改革的有序推进。

二、实践效果

2021年以来,大连海关办理"船边直提"集装箱27.08万TEU,主要进口货物种类包括水果、冻品、精密仪器及零件等;办理"抵港直装"集装箱5.35万TEU,主要出口货物种类为危化品等。

2023年,大连海关将"直装直提"业务拓展至水果、冻鱼等散货船装载货物。1~6月办理"直提"集装箱5.83万TEU,同比增长7.51%;办理散货10.26万t。办理"直装"集装箱1.07万TEU,同比增长8.96%;办理散货0.77万t。

"直装直提"模式的开展,有效地提升了口岸物流效率。以华晨宝马汽车有限公司进口的汽车配件为例,应用"船边直提"模式,卸船后直接将其装载到货车上,随后提离码头运输至位于沈阳的工厂,实现"即到即提"零等待。对于无须海关查验的进口集装箱货物,提箱用时由原先的1~2 d,最短压缩至1.5 h,保障了生产企业物流链、物流供应链稳定运行。同时,货物的快放快提,减少了码头堆存及向港外堆场转运货物的数量,免去了进口货物在港区堆存和多次吊卸环节,在压缩企业物流成本的同时,缩短了船舶在港滞留时间,大大缓解了外贸泊位周转压力和货物堆场库存压力。

三、面临的问题及建议

一是"船边直提"港方目前实行收费制度,由于港口正常卸船后免堆存费时间为4 d,企业非紧急必要情况无"船边直提"的需求;大连的港口由于堆场面积比较宽裕亦无"船边直提"的内在需求。

二是企业向船公司换单转移货权存在不确定因素。目前船公司开放换单的时间为船舶靠泊后,如果港口卸船作业比较快,企业没有足够的时间在申请的集装箱卸船前完成换单。对有信誉、与船公司长期合作的大企业可以协调提前换单,对小企业、个别集装箱船公司不予支持,无法满足"船边直提"需要。

针对上述问题,建议口岸行政管理部门加强政策制定和引导,协调口岸运营企业合理确定收费模式,协调航运企业制定更灵活的换单机制,为推进"直装直提"改革营造更加良好的运营环境。

辽宁海事局率先实施行政检查裁量基准
营造海上交通良好法治环境

王成璞　辽宁海事局

摘　要：为深入贯彻"放管服"改革精神,辽宁海事局勇立潮头,率先构建并实施了海事行政检查裁量基准体系,此举不仅填补了海事管理领域在行政检查裁量控制方面的制度空白,还显著优化了海上交通的法治生态与航运经营环境,为区域航运业的繁荣发展提供了坚实支撑。该检查基准体系系统地规范了海事现场检查作业流程,显著增强了行政检查的精准性,有效地缩短了检查周期,同时遏制了选择性执法现象,为航运企业、船舶及船员等利益相关方构筑了坚实的权益保护屏障。

关键词："放管服";风险防控;"检查基准"

《法治政府建设实施纲要(2015—2020年)》要求加强对行政执法裁量权的控制,规范行政检查行为。为进一步落实"放管服"改革要求,营造良好的海上交通法治环境和航运营商环境,服务地区航运发展,2020年5月1日,辽宁海事局率先实施海事行政检查裁量基准(以下简称"检查基准"),填补了海事系统在行政检查裁量控制制度领域的空白。"检查基准"全面规范了海事现场检查活动,提高了行政检查针对性,大幅缩短了海事行政检查用时,有效地避免了选择性执法,为航运公司、船舶和船员等主体的合法权益保驾护航。"检查基准"实施以来,已直接惠及进出港船舶万余艘次、货物运输超亿吨。

图 1　海事执法人员按照基准实施现场检查

一、典型经验总结

(一) 典型做法和经验

一是梳理整合海事行政检查项目。系统梳理海事行政检查事项和政务事项办理中需要现场检查的事项,按照"综合执法"改革的要求,合并可以一并实施的检查,共整合出 27 项行政检查项目。二是明确海事行政检查内容及检查裁量要求。结合海事服务营商环境和现场操作实际,要求对笼统的检查内容进行细化、明确,梳理检查内容总计 236 条。以"防风险、促安全、服务营商环境建设"为基本目标构建两级裁量体系。第一级裁量控制"如何查",按照检查介入的程度高低,将行政检查分为现场巡视、现场监督和现场检查。第二级裁量控制"查什么""查到什么程度",梳理出"高风险"的必查内容,通过对高风险内容的针对性检查来实现风险防控。三是开发使用海事现场监管任务集约化管理软件。执法人员手机端远程自动生成"一张表"监管任务现场检查单,并可以在手机端直接记录、会签检查结果,行政相对人也可以通过手机端查阅和评价检查活动。

对象类别	船舶	对象名称	▬▬▬▬▬
船舶种类	干货船	船舶管理公司	浙江▬▬▬船务有限公司
监管项目	6.1.船旗国监督检查（船舶检验质量监督检查）——船旗国监督检查,14.船员履职活动检查（不单独实施检查）		
业务类别	船舶,通航,船检,船员	监管方式	现场监督
任务发布日期	2021年8月4日	执法机构	北良港海事处
执法单元	大孤山海巡执法大队	执法人员	赵▬,宋▬
备注	小型船专项		

监管内容	检查结果	具体检查内容	具体问题及处理建议
6.1-1 船舶配员情况			
6.1-2 船舶、船员配备和持有有关法定证书文书及相关资料情况（*必查）	发现问题	检查船员证书以及服务簿填写情况	船员服务簿（轮机长）填写不规范,已要求船长按照要求规范填写
6.1-3 船舶结构、设施和设备情况			
6.1-4 客货载运及货物系固绑扎情况			
6.1-5 船舶保安相关情况			
6.1-6 船员履行其岗位职责的情况,包括对其岗位职责相关的设施、设备的维护保养和实际操作能力等			
6.1-7 海事劳工条件			
6.1-8 船舶安全管理体系运行情况			
6.1-9 法律、法规、规章以及我国缔结、加入的有关国际公约要求的其他检查内容			
14-1 船员配备情况是否符合最低安全配员要求（*必查）	无异常	船员配备情况符合最低安全配员要求	
14-2 船员持证情况是否满足船舶种类、航区、等级以及所担任职务的要求（*必查）	无异常	船员持证情况满足船舶种类、航区、等级以及所担任职务的要求	
14-3 船员操作性检查			
14-4 船员是否履行职责并如实记录船舶文书			
14-5 船员是否遵守值班制度			
14-6 船员是否按照规定办理船员任解职登记/资历报备,登记资历是否真实;船长是否按规定记载船员服务簿			
14-7 见习船员是否按要求如实记录见习记录簿			

图 2　海事执法人员检查内容清单

（二）案例创新点

一是促进各级海事机构提升检查效率。改革海事执法现状,将以往按照业务条块分割"船舶安全检查"、"海上防污染检查"和"船员行政检查"等专门的检查,协调整合,减少重复登船、重复检查,以提升海事检查效能和船舶进出港效率,服务地区航运发展。二是突出海事行政检查的重点内容。从风险控制角度划分等级、明确重点,摆脱一味求"全"的固有思路,保证海事执法人员在有限的时间内完成对重点检查内容的合理抽查,以促进船舶安全服务地区航运发展。三是落实对企业主体责任履行的有效督促。将关注点从执法人员检查转移至对船舶和航运企业自查情况的核查。减少船舶、行业企业和海事人员三方对相同内容的重复检查,提高企业主体责任履行积极性,通过降低企业时间成本服务地区航运发展。

（三）应用效果及借鉴意义

自"检查基准"正式实施以来,各级海事机构合并执行行政检查任务近2万次,检查任务数最高下降72.6%。据港口基层海事执法机构测算,较"检查基准"实施前,辖区内进出港单船平均检查用时下降 39.09%,有效地降低了海事行政检查对海上物流效率的影响。同期,辽宁海事局民意代表会谈和投诉举报平台均未接到与海事行政检查相关的投诉举报。交通运输部海事局将辽宁海事局率先实施行政检查裁量基准情况以"海事专报信息"呈报交通运输部领导,通过工作简报向全国海事系统推荐。"检查基准"先后被评为"海事系统执法领域突出问题专项整治典型案例"和"辽宁省营商环境建设最佳实事"。

二、面临的问题及措施

为保障海事行政检查裁量控制制度更好地服务于航运营商环境,以下三个方面还需加强。一是"检查基准"的效力还有待提升。要坚持开展对行政检查理论和裁量控制理论的研究工作,探索制定规范性文件——《政检查裁量权控制办法》。二是检查内容精准度有待提升。应结合安全和服务地区航运发展需要,持续更新监管项目和检查内容。深入研究海上交通风险控制策略,合理更新行政检查"必查项"。三是配套开发的信息化软件功能有待提升。应不断完善"检查基准"依托的信息化系统,提升海事监管机构和行政相对人使用软件的便利性。

大连海事局全国首创推出口岸
危险货物"谎报匿报四步稽查法"

王　阳　大连海事局

摘　要: 近年来,危险品水上运输市场的持续扩张,伴随利益诱惑,导致"瞒报谎报"行为频发,给港区作业安全与船舶航行构成了严峻威胁。为筑牢口岸安全防线,削减无效查验频次,并加速通关流程,大连海事局展开了深入探究,旨在精简稽查流程,提升执法精确度。该局创新性地构建了危险货物"智慧获取、信息核查、开箱查验、调查处理"四步稽查新机制,通过持续的实践评估与迭代优化,不断完善该模式。同时,加大宣传力度,拓宽推广渠道,旨在营造一个更加高效、安全的营商环境,有效应对危险品运输领域的挑战。

关键词: 四步稽查法;通关效率;行政效率

大连港是大连地区危险货物进出的重要口岸。近年来,随着危险品水上运输市场的不断增长,受利益驱使,"谎报匿报"现象逐年增多,给港区作业及船舶航行带来重大安全隐患。为保障口岸生产安全,海事部门不得不动用大量稽查人员进行拉网式排查,不仅耗费巨大的监管资源,也对守法企业造成一定干扰。为降低无效查验比例,提高通关效率,助力大连东北亚国际航运中心和国际物流中心建设,大连海事局深入研究,分析如何精简稽查流程,提高执法精准性,创造性地提出危险货物"谎报匿报四步稽查法"。该方法被辽宁省人民政府列入中国(辽宁)自由贸易试验区第四批改革创新经验进行借鉴推广(辽政发〔2020〕21号文件),并被推荐参选国务院第七批改革创新推广经验。

一、典型经验总结

(一)典型做法和经验

通过搭建智慧信息获取和行政稽查链条执法模式系统,对口岸危险货物实行"智慧获取、信息核查、开箱查验、调查处理"四步稽查法。

1．智慧获取

海事部门通过应用自主设计开发的危险货物智慧监管系统，智慧获取进出口船舶的舱单，并与海关、场站、码头、船公司等单位搭建信息互联互通渠道，多渠道获取疑似危险货物谎报匿报信息，整理后进入信息核查环节。

图1　危险货物智慧监管系统页面

2．信息核查

对于筛选出的信息，要求相关单位和人员提供货物安全技术说明书、报关单、订舱委托、海运单据、检测报告等材料，经进一步核查研判，确定是否存在危险货物谎报匿报情况。

3．开箱查验

按照大连海事与海关建立的"信息互换、监管互认、执法互助"工作程序，涉及到外贸集装箱的，双方共同进行现场查验，进一步调查其包装、标志标记等情况。如有必要，对未列明的或性质不明的货物进行取样送检。

4．调查处理

依据开箱查验结果或鉴定结论，对确定的危险货物谎报匿报进行违法案件调查和处理，经确认不属于危险货物的，结束调查并立即对货物予以放行。

(二) 案例创新点

"谎报匿报四步稽查法"是对原有稽查制度的重大突破和创新。以往海事部门由于获取信息渠道有限，对谎报匿报现象只能通过人工筛选的方式来随机抽查，效率较低，且无效的开箱查验也对通关造成一定的影响。实施"谎报匿报四步稽查法"后,通过应用自主设计开发的危险货物智慧监管系统,实现对谎报瞒报货物的智能比对,可对违法违规行为实施精确打击,降低无效查验的比例,有效保障口岸生产及船舶和人员的安全,优化口岸营商环境。

(三)应用效果及借鉴意义

一是提高口岸通关效率。通过该方法查处危险货物谎报匿报案件,基本可以做到精准锁定疑似违法的目标箱,从而实现对违法行为的精准查处,同时降低对正常申报的危险货物及普通货物集装箱的查验率,有效降低企业成本,优化营商环境的同时提高口岸通关效率,助力大连东北亚国际航运中心和国际物流中心建设。

二是大幅提高行政效率。该方法实施后,海事机构可以多途径精确定位,精准锁定疑似谎报匿报的危险货物集装箱,减少无效开箱查验,查实率由小于5%提升至90%以上。

三是促使口岸危险货物合规运输。通过在大连口岸应用该方法,不断打击危险货物违法行为,促使口岸危险货物合规申报率逐步提升。从源头上确保危险货物的合规运输,为大连东北亚国际航运中心和国际物流中心安全和经济持续发展保驾护航。

二、面临的问题及措施建议

一是继续对"谎报匿报四步稽查法"中的第一步进行优化,不断提升信息获取的准确度。

二是对"谎报匿报四步稽查法"进行后评估,不断优化做法,进一步减少无效查验。

三是进一步深化与大连自贸片区的良好合作,加大宣传和推广力度,并建议将这一制度创新举措复制推广至全国其他港口,从而达到保障航运安全、提高通关效率、降低企业成本、优化营商环境的效果。

辽宁海事局发挥专业优势
主动服务高素质船员队伍建设

赵振宇 辽宁海事局

摘 要： 近五年来，全球海员资源短缺现象凸显，已构成对航运市场稳定性及全球供应链韧性的潜在威胁。作为我国海员资源的重要基地，大连市正积极应对这一挑战与机遇。辽宁海事局审时度势，深化船员管理体系改革，秉持"质量提升"与"数量增长"并进的策略，以"全球视野"与"国际标准"为引领，充分发挥"教育培育"与"文化熏陶"的双重效能，坚持实施"务实举措"与"创新策略"相结合，致力于构建一支规模庞大、结构均衡、素质卓越的高水平船员队伍。此举不仅有效地缓解了全球海员短缺的压力，更为维护全球产业链与物流供应链的稳固运行提供了坚实支撑。

关键词： 高素质船员；提质增量；高质量发展

船员是海洋开发和水上交通运输的先行者，关乎水上交通运输发展质量和安全水平，在促进经济和社会发展中发挥着重要作用。近五年来，特别是疫情防控期间，全球海员劳动力出现短缺危机，存在影响航运市场和全球供应链稳定的隐患。辽宁省是我国传统的海员大省，大连市是全国船员集散中心之一。面对上述机遇和挑战，辽宁海事局不断深化船员管理改革，创新服务举措，全力推动打造数量充足、结构合理、素质优良的高质量船员队伍，服务中国船员勇做水上"最美逆行者"，全力保障了全球产业链与供应链稳定，为大连东北亚航运中心和国际物流中心建设做出了不可磨灭的贡献。

一、典型经验总结

一是推动"提质"和"增量"并重，夯实东北亚航运中心船员人才基础。辖区共有注册船员 6.6 万人，是大连东北亚航运中心人才队伍的重要组成部分。辖区每年承担 2 000 余名航海类院校在校学生、30 000 余名社会船员的培训工作，以及 36 000 余人次船员考试和评估工作。辽宁海事局认真践行"人民至上、生命至上"的价值理念，以高度的职责使命感，不断强化船员培训、考试和发证管理工作，筑牢船员队伍高质量发展的基础。紧抓船员培训和考试秩序，提炼形成"海船船员评估'三清'工作法"，组织编制《评估员手册》，促进船员评估工作的规范化、标准化、程序化；认真部署开展"船员管理现场监督检查"等专项活动，提高水上从业人员的安全意识和专业技能，全力防范人为因素造成的水上交通安全风险。

二是坚持全球化和国际化视野，积极参与行业研究和顶层设计。面对大连东北亚航运中心对全球航运资源配置能力和服务国家战略和经济发展的建设要求，辽宁海事局依托航海教育培训研究分委会、"滚金船员管理劳模创新工作室"积极提交提案输出"辽宁海事方案"，派员参与国际海事组织相关会议；承担《海船船员培训模拟器技术要求》等5份交通运输部行业标准、海上设施工作人员海上交通安全技能培训管理、航海教育培训质量评估等数十部规范性文件的研究起草任务；编译出版《STCW公约和STCW规则2014—2017年修正案》，牵头"高职类船员培训统编教材"、《海员职业常识》、《游艇驾驶员培训教程》、海港引航员《职务与法规》教材编写工作；开展海上水面自主船舶（MASS）操作人员适任培训与监管、船舶动力定位系统操作人员培训管理等方面的研究工作。

三是发挥教育和文化作用，不断优化辖区船员队伍发展和航运文化建设综合生态。辽宁海事局打造"全国航海科普教育基地"，结合"进校园""开放日"等活动，加强文化氛围营造，着力培养祖国航海事业的后备力量；组织开展"世界海员日""中国航海日"系列活动，大力弘扬航海文化；统筹辖区的航海培训教育资源，推动大连海事大学完成航海教育质量评估和成绩等效认可，不断激活船员队伍发展动能；组织开展辽宁辖区"十佳职业导师"评选活动，引导、便利船员从业。

四是强调"真招"和"实策"并举，进一步厚植船员和航运业发展沃土。辽宁海事局着力优化大连东北亚航运中心营商环境，优化最低安全配员等证书办理流程，压缩办理时限，实现船舶证书不停航办理，切实为航运企业减负；持续推动建设大连自贸片区国际海员综合服务基地，促进辖区船员服务等相关行业发展，推动形成集群化的产业布局，为辽宁沿海经济带建设提供坚实的人才保障；成立"金锚港湾"船员服务站等特色服务品牌，打通联系服务群众的"最后一公里"；开通疑难杂事助办窗口，开设退役军人便捷通道，改进船员考试费用的征收方式，回应船员急难愁盼问题。

二、案例创新点及借鉴意义

辽宁海事局依托"滚金船员管理劳模创新工作室"开展相关工作，打造出航海教育研究分委会、全国航海科普教育基地平台，紧紧围绕大连东北亚航运中心建设任务，主动担当、攻坚克难，进一步提高创新意识和创新能力，最大限度实现创新工作室示范引领、集智创新、协同攻关、传承技能、培育精神等功能。发挥工作室劳模精神"放大器"、重点难点问题"攻关站"、船员管理人才"练兵场"的作用，以提高工作室成员的职业道德、创新能力和技术技能素质为核心，以发现和解决实际工作中的急、难、险、重问题为重点，不断提高创建质量和创新实效，以实际行动助力辽宁海事高质量发展，全心全意服务行业和地方经济发展。工作室2019年被命名为"全国海事系统劳模创新工作室"、2020年被命名为"大连市劳模创新工作室"、2022 年被命名为"辽宁省劳模创新工作室",现成功跨入"全国交通建设产业劳模和工匠人才创新工作室"行列。

大连海事局优化举措
保障游艇驾驶员培训管理

李　豪　大连海事局

摘　要： 大连海事局为提升服务意识和工作效能，推行游艇考试理论评估一站式服务模式。疫情防控期间，倡导"停课不停学"，组织辖区各培训机构开展理论网课培训，及时调整船员培训监管方式。海事机构秉持服务理念，助力地方经济发展，大胆地开展管理创新，通过线上听课跟踪检查，有效地破解了网络教学新模式带来的监管问题，严格履行监督管理职责，维护船员考试公平公正，为社会输送合格船员。2020—2022 年，游艇驾驶员培训量同比增长 11%、81%、42%，成为全国亮点，对于海事管理机构更好履行监督管理职责、助力社会经济发展有着积极借鉴意义。

关键词： 一站式服务模式；停课不停学；管理创新

大连地区游艇驾驶员培训数量在全国居于前列，每年吸引多批外地学员参加培训考试。大连海事局作为辖区船员培训考试的主管部门，始终坚持提升服务意识和工作效能，推行游艇考试理论评估一站式服务模式，为培训机构排忧解难。新冠疫情期间，大连海事局积极谋划、主动作为，一方面倡导"停课不停学"，组织辖区各培训机构开展理论网课培训，积极落实上级复工复产政策，第一时间恢复船员考试工作，及时解决疫情时期积累的大量考试需求问题；另一方面及时调整疫情期间船员培训监管方式，破解网络教学带来的系列问题，严格履行监督管理职责，维护船员考试公平公正，为社会输送合格船员。在履行海事监督管理职责的同时，积极助力大连地区游艇培训产业的发展，取得显著的社会效益。

一、典型经验总结

（一）典型做法和经验

一是优化考试安排，提升工作效能。大连辖区游艇培训机构多、培训周期短，且考生多为外地人员。参加考试过程中,考生须在理论考场和评估场地之间来回奔波,耗费大量时间和交通成本,给游艇培训机构带来一定人力、物力负担。对此,大连海事局进一步深化游艇考试便民举措,协调帮助星海湾游艇驾校建立游艇专用理论考场,试行游艇考试理论评估一站式服务模式,由原来每天最多组织两期游艇考试增加到四期,同时减少考官和评估员使用数量,缩短游艇理论考试和实操考试时间间隔,进一步提高工作效能,极大地方便了培训机构和考生。

图 1 游艇考试现场照片

二是积极调整疫情防控期间监管方式,顶住新冠疫情压力,为游艇培训发展提供强大助力。在新冠疫情期间,大连海事局积极响应上级政策调整,积极谋划,主动作为,一方面在辖区内倡导"停课不停学",对船员理论培训模式进行创新,在疫情形势严峻时期组织辖区各培训机构积极开展网课培训,疫情缓解期间全力组织线下实操培训;另一方面,积极落实复工复产政策,封控解除后第一时间恢复船员考试工作,及时解决疫情时期积累的考试需求问题。在保质保量完成考试的同时,严格落实各项防疫要求,编制疫情常态化期间考试规程,制定应急措施,实现考场疫情"0"传播。地方相关部门高度认可大连海事局工作,在辽宁卫视《生活频道》及大连电视台《生活频道》给予了报道。

(二)案例创新点

船员培训网络授课是一种相较于传统船员培训的创新模式,海事机构秉持服务理念,助力地方经济发展,积极调整疫情期间船员培训监管方式,大胆进行管理创新,通过线上听课跟踪检查,有效破解网络教学新模式带来的监管问题。

(三)应用效果及借鉴意义

游艇考试理论评估"一站式"服务和理论培训网络授课,对于应对新冠疫情、保障大连地区游艇培训持续开展起到了显著作用。疫情防控期间,辖区游艇培训产业逆势增长,2020—2022年,游艇驾驶员培训量同比增长11%、81%、42%,成为全国亮点,对于海事管理

机构更好地履行监督管理职责、助力社会经济发展有着积极借鉴意义。

二、面临的问题及采取的措施

　　航运人才培养是打造东北亚国际航运中心的一项重要内容。目前,大连地区船员职业培训发展不均衡,大连地区社会船员培训除游艇驾驶员培训之外,其余的在国内船员培训市场中影响力较低,未能树立地域培训品牌。辖区内船员培训机构以航海类院校为主,公立院校开展社会船员培训动力不足,社会培训机构力量相对薄弱,培训机构数量较少、规模较小,培训项目受限,且受实操训练场地条件制约。如基本安全培训需要进行 5 米台跳水训练,除大连海事大学外,其他培训机构均需租用社会场馆开展训练。大连海事局已协调大连市体育中心游泳馆对船员培训提供必要支持,但冬季水温达不到规定标准,无法满足培训需求。对于培训需求较多的本港船船员适任培训、高速船船员特殊培训和船上厨师培训,辖区内近年无机构可开展,建议以打造东北亚航运人才基地为长远目标,以建设规模化、标准化的船员培训基地为落脚点,结合自贸区建设,对船员职业培训加大政府投入和政策支持。

第三章

物流服务案例分享及创新发展

物流服务是航运与物流行业的重要环节之一,涵盖了运输、仓储、配送等多个方面。为了提高物流效率、降低成本、优化服务,许多企业开始探索创新发展模式。这些创新发展模式不仅有助于提高物流服务水平,还可以满足客户多样化的需求。

本章分享了一些物流模式创新案例,包括粮食物流通道安全高效运转、石化制造业物流供应链构建等多个方面。同时,还将探讨创新发展模式在物流服务中的应用和趋势。

海事部门助力东北粮食
物流通道安全高效运转

张安超　大连海事局

摘　要: 近年来,大连海事局积极落实国家粮食安全战略,以监管方式深化转型和信息化手段创新应用为突破口,推行"五位一体"海事监管服务新模式,对于实施过程中出现的部分散装粮食运输船舶技术水平低下或老化,部分船舶环保设施不完善、使用不规范,大连附近海域水上应急救援体系仍存在短板等问题提出了相应的解决方案,以切实保障东北粮食物流通道通畅,持续推动现代粮食产业转型升级,助力企业经营模式业态多元创新,经济社会效益显著提升。

关键词: 粮食物流通道;"五位一体"海事监管服务新模式;通航效率

粮食安全是"国之大者"。自党的十八大以来,以习近平同志为核心的党中央高度重视粮食安全,提出要确保中国人的饭碗牢牢端在自己的手中,确保十四亿多人的粮食安全得到有效保障。中国华粮物流集团北良有限公司(以下简称"北良公司")是中粮集团旗下中粮贸易所属港口物流企业。北良公司运营的北良港是国际知名的现代化粮食港口,开创了我国粮食"四散化"运输先河,是东北地区内贸粮食"北粮南运"和外贸粮食进口中转分拨的重要通道。近年来,大连海事局积极落实国家粮食安全战略,着眼海运物流枢纽安全高效运转,推行"五位一体"海事监管服务新模式,切实保障东北粮食物流通道通畅,持续推动现代粮食产业转型升级,助力企业经营模式业态多元创新,经济社会效益显著提升。

一、典型经验总结

(一)典型做法和经验

大连海事局以监管方式深化转型和信息化手段创新应用为突破口,构建起包括船舶业务全流程"网上办"、粮食运输船舶"7×24 h"无间断绿色通道、船旗国监督检查"支持系统"、"载运散装谷物船舶管理信息系统"和货主(码头)高质量选船机制"五位一体"的海事监管服务新模式,在监督企业有效排查航运安全隐患的同时,全力保障北良港内外贸粮食运输船舶安全高效运行。

图1 工作人员调研"五位一体"海事监管服务新模式的运行状况

实施船舶申报全流程"网上办""7×24 h"无间断审批审核制,压缩了船舶在港时间,降低了企业成本。采用高质量选船机制,提高了船员与码头作业人员的协同度,减少了船舶靠泊时间,节省了货主租船费用。实施"一船一档"和选船机制措施后,辖区船舶货物运输风险降低,民生物资海运供应链稳定性得到提升,保障了每年约 1 200 万 t"北粮南运"和外贸进口粮食中转。

图2 工作人员检查船的状况

（二）应用效果及借鉴意义

1. 北良港通航效率及安全管理显著改善

海事部门创新监管服务模式后,北良港通航效率大幅提升,相关审批审核时限由 2 d 缩短为 1 h,即办率提高 100%,粮食船舶每航次在港平均综合支出节省 8 万~10 万元,经济社会效益显著。实施"一船一档",船员及船舶管理方对航运安全重视程度明显提升,船舶运输风险与隐患大幅降低。

2. 北良公司经营业绩及运行效率大幅提升

一是北良港粮食中转稳中有升。2022 年内贸玉米中转量相对 2016 年提升 155%;近六年外贸散粮进口保持东北各港首位。二是发挥粮食流通主力军作用。2022 年自营粮食贸易规模位居东北市场前列。三是充分履行央企责任。历年完成国家储备和南方多省"异地储备"任务,有力地保障了国家粮食安全和宏观调控。四是粮食期货交割成果丰硕。以玉米期货为例,在 2021 年北良港交割规模创纪录的基础上,2022 年再次翻番,占大连商品交易所当年国内玉米交割量三成以上,为国内市场保供稳价和促进期现价格回归做出了积极贡献。

二、面临的问题及措施建议

充分发挥北良港在"北粮南运"和进口粮食分拨中心的作用,对于推动大连东北亚国际航运中心和国际物流中心建设具有重大意义。针对目前存在的实际问题,提出以下建议:

一是部分散装粮食运输船舶技术水平低下或老化,存在安全技术风险,可能导致船舶事故或货物损失。建议进一步细化散装谷物船舶安全技术标准、现场操作规范,开发相应的管理和服务软件,提升该类船舶本质安全。

二是部分船舶环保设施不完善、使用不规范,导致废气和废水超标排放,极易对海洋环境造成污染。建议以海事现场合规性检查为切入口,推动岸电配套、船舶环保技术和设备应用,推动该类船舶向更加环保和可持续的方向发展。

三是当前大连附近海域水上应急救援体系仍存在一些短板。建议优化资源配置、提高应急响应速度、增强应急处置能力和协同作战能力、加强人员培训和技术创新,建立更加高效、专业、科学的水上应急救援体系,以应对包括粮食运输船舶在内的突发事件和灾害,保障海上生命财产安全。

大连中远海运恒昇海物流有限公司 "准班列—准班轮"煤炭散货运输项目

潘 军 大连中远海运集装箱运输有限公司

摘 要: 大连中远海运恒昇海物流有限公司持续推动现代物流业与东北产业深度融合,打造基于石化制造业物流供应链,为客户恒力石化量身打造"准班列—准班轮"煤炭散货运输项目。该项目改变了传统的单一租船、派船、挂港的煤炭运输模式,从物流供应链的整体战略和目标角度出发,通过创新运输模式,实现物流供应链上各方的密切合作,实现降本增效、互利共赢的目标。以高质量项目建设推动新时代"两先区"高质量发展,为大型石化制造业企业提供稳定、高效、低成本的综合物流服务。

关键词: 供应链;准班列—准班轮;定制化服务产品

在国家振兴东北老工业基地、"一带一路"建设以及大连打造东北亚国际航运中心和国际物流中心建设等政策背景下,大连中远海运恒昇海物流有限公司(以下简称"恒昇海物流")紧紧围绕大连石化制造业企业龙头——恒力石化(大连长兴岛)产业园,打造基于石化制造业物流供应链,每年完成外贸原油进口 2 000 万 t,承运原燃料煤炭 800 万 t,为大型石化制造业企业提供稳定、高效、低成本的综合物流服务。

公司持续推动现代物流业与东北产业深度融合,为客户恒力石化量身打造"准班列—准班轮"煤炭散货运输项目。该项目改变了传统的单一租船、派船、挂港的煤炭运输模式,从物流供应链的整体战略和目标角度出发,通过创新运输模式,实现物流供应链上各方的密切合作,实现降本增效、互利共赢的目标。以高质量项目建设推动新时代"两先区"高质量发展,助力大连勇当东北振兴"跳高队"。

图1 准班轮"嘉顺山"

一、典型经验总结

作为基础性能源和燃料供应,煤炭的运输供应一直受到客户恒力石化的重视。但是,在煤炭运输过程中存在诸多问题,主要表现在如下两个方面:一是由于天气、港口等原因造成的船舶压港严重和煤炭供应不足,导致大量船舶滞期,给客户带来高昂的滞期费成本。二是煤炭供货方、铁路、港口、航运单位及收货方都是以各自掌握的资源和信息进行生产经营决策,导致煤炭运输环节衔接不畅,无法充分发挥综合效用。如何将煤炭运输各个环节进行有效整合,为大型石化制造业企业打造平稳、高效的煤炭运输供应链体系,成为恒昇海物流研究的重要课题。

在创新思维的引领下,恒昇海物流找准突破口和着力点,为客户恒力石化量身打造"定制化服务产品",加快企业品牌能力建设。"准班列—准班轮"煤炭散货运输项目,以供应链整体战略和目标为前提,充分发挥铁路、港口煤炭运输一线、一点的作用,将煤炭运输各环节整合成一个有机整体,通过"固定船舶、固定船期、固定航线、固定港口、固定货种"的运营模式,促进供货方、铁路、港口、航运单位和客户的深入合作,共同抵御煤炭市场风险,降低市场周期性波动给各方生产带来的影响,保障煤炭运输物流链的稳定性和高效性,将整个物流供应链的总成本降到最低,实现恒力石化煤炭运输车、船、货之间的无缝链接。

2020年12月22日,恒昇海物流与恒力石化、陕西煤业化工集团、国投曹妃甸港口有限公司、西安铁路局共同签订了"准班轮—准班列"运输组织合作协议,为客户提供稳定的化工煤保障,实现了公司从传统散运业务模式向供应链转型,运营模式向平台化转型,组织模式全面向数字化转型。

2022年3月10日,恒昇海物流与恒力石化、伊泰能源、国投曹妃甸港口共同签署了煤炭准班轮运输合作协议,新增散货准班轮航线,保证了能源供应,提高了动力煤中转效率,供应链现代化水平再上新台阶,年度运输煤炭量达到800万t。

"准班列—准班轮"运输模式成功的关键是在约束机制的基础上,各个环节都可以按照协议约定进行生产经营,尤其是保证准班列和准班轮按期抵港,从而保证车、船、货的顺畅运行。其本质是通过规范链条中的各方权利和义务,有效避免供货方、铁路、港口、航企和收货方各自为战,提高了煤炭供应链的综合保障能力,建立了平台型物流生态组织。

图2　准班轮"嘉顺山"首航纪念

二、措施及建议

　　未来,恒昇海物流将持续推动现代物流业与东北产业深度融合发展,充分发挥市场配置资源的决定性作用,通过功能整合和业务延伸融入东北主要产业的采购、生产、仓储、分销、配送等环节,全面参与生产型企业的流程管理。持续推进降本增效,深化业务关联和服务链条延伸,通过数字化等技术渗透,不断探索新业态、新模式、新路径,实现先进制造业等产业与现代物流业相融相长、耦合共生。

大连海关着力"四个打造"
助推中欧班列提速发展

徐光辉　大连海关

摘　要： 为推动通关便利化，促进中欧班列高质量发展，大连海关联合港口与铁路部门，围绕火车、轮船、集装箱等多种信息的智能化采集与集成，实现陆海联运的业务协同、信息协同、技术协同；采取多项措施促进中欧班列通关高效化，打造"一站式"服务平台；落实海关总署关于"智慧海关"建设的相关要求，完善和优化信息系统建设，提升整体通关效率；打造场区物流监管软环境，以更高的站位、更宽的视野、更大的力度，推进中欧班列高质量发展。

关键词： 中欧班列；港铁联通；智慧监管

中欧班列的开行对促进我国与相关国家，特别是中欧班列通达国家之间的经贸往来、维护产业链供应链稳定起到积极的支撑作用。自 2020 年开始，海关总署出台支持中欧班列发展的 10 条措施，其中包括支持企业自主选择通关模式、支持开展舱单归并减少报关次数降低报关成本、支持中欧班列开展内外贸货物混编运输、支持以铁路运输为纽带的多式联运业务开展多程转关、加强非侵入式查验设备的配备和应用提高查验效率等。这些对推动通关便利化、促进中欧班列高质量发展起到积极作用。

图1 中欧班列货物检查

一、典型做法和经验

(一)打造"港铁联通"新物流通道

大连作为东北最大的开放口岸,是东北地区与"一带一路"交汇的门户,拥有海、陆双向通道优势。为了推进陆海联运信息服务体系建设,大连海关联合港口与铁路部门,围绕火车、轮船、集装箱等多种信息的智能化采集与集成,实现陆海联运的业务协同、信息协同、技术协同。

在大连海关的大力推动下,通过实现跨部门的信息交互与共享,在国内率先实现了在海铁联运领域跨平台信息互动的实践与突破。大连港滚装船、集装箱和铁路特货多种运输方式高效结合,打开了大连港陆海联运通道发展新局面,把两种优势有机结合起来,实现了"1+1>2"的效果。

通过上述措施,大连海关大力支持辽港集团利用优质码头服务资源,推动国产汽车品牌出口定制化班列和大连汽车码头开发东亚至中亚过境商品班列上线运行,为我国自主品牌商品车走向世界打通了一条崭新的通道,有力地促进了国产汽车工业稳步增长。2022年,在原有铁路运输的基础上,大连海关支持大连汽车码头拓展二手车过境业务,创新实施了双层轿运车海关备案并开通了承载过境货物的业务通道。

(二)打造一站式服务快平台

大连海关采取多项措施促进中欧班列通关高效化,业务专窗的设立让企业跑腿少、办事快,实现了随到随办、全程优先。制定并印发《大窑湾海关中欧班列出口通关异常应急处

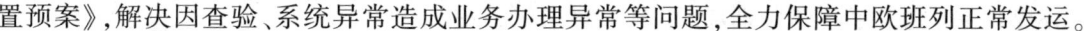

置预案》,解决因查验、系统异常造成业务办理异常等问题,全力保障中欧班列正常发运。

为了保障中欧班列正常运行,大连海关积极探索创新监管模式,立足监管场所规范化管理,进一步精简通关手续,依托视频监控平台,提升监管精准性,为企业提供一站式服务,开展现场办公,便利企业申报。针对中欧班列不同业务类型,设立专人专岗,实行"7×24 h"预约通关模式,优化监管流程,提高通关效率。对于中欧班列进境申报、出境班列出口交接、放行结关等手续优先办理;对于进口单证采取靠前审核,设置专人专岗提前开展资料审核;推动提前申报,通过多种方式,加大提前申报政策的宣讲力度,鼓励和引导企业采用提前申报模式,严格按照报关单填制规范做好商品申报;对于出口单证采用"无纸申报+自动核放"操作模式,保证中欧班列货物能够随到随报、即审即放,快速办结通关手续。通过打造中欧班列海关绿色通道,有效地解决了企业在报关、运输及在途监管方面的困难,大大加快了货物的通关速度,实现了中欧班列货物"即时通关、即时放行、即时装车、即时发运"。

在大连海关的支持下,2021 年 1 月,大连首开德国点对点直达班列;2022 年 2 月,首列"波兰马拉舍维奇—大连"班列货物顺利结关。来自全国各地区的货物汇集大连,并搭乘中欧班列走向欧洲,为大连建设国家物流枢纽城市提供了源源不断的动力。

(三)打造海关"智慧监管"模式

落实海关总署关于"智慧海关"建设的相关要求,完善和优化信息系统建设,提升整体通关效率。完成了出口转关主管地运抵等系统功能上线和进口申报系统相关参数调整,妥善解决了通关异常情况,保障进出口班列通关全流程畅通。

将 RFID 技术应用和过境整车监管相结合,以信息化手段实现"智慧监管",快速通关"零延时"。根据商品车本身可移动和车辆 VIN 识别码唯一性这两个特点,创新智能化监管手段,在全国范围内率先在智能卡口监管中采用 IC 卡绑定车辆 VIN 识别码和海关放行信息的方式,实现了单车出卡模式。新模式实现"秒闪过卡,无感通行",相比原有轿运车过卡模式,单车次节约装卸时间、过卡时间 30 min 以上,大幅提升了监管效能。同时,现场关员通过 VIN 码识别设备对码头堆存车辆进行作业数据采集和管理,实现对海关监管商品车的精准定位,全时监控,无感巡查。

(四)打造场区物流监管软环境

立足企业诉求、精准服务,通过指导企业优化场区布局、新增铁路道线、汽车仓库等举措,确保场区建设与企业发展同步,保障相关货物快速装卸、堆存、出口,打造良好的物流监管软环境。坚持问题导向和需求导向,建立关企沟通机制,根据企业需求,研究打通特殊监管区货物搭乘中欧班列出口的物流通道,解决企业转关业务瓶颈问题。

二、实践效果

大连海关多措并举,有效支持了大连中欧班列业务高效稳定运行,助推东北海陆大通道建设,加强了与"一带一路"沿线国家的密切联系,促进了辽宁外贸稳步发展。2022 年,大连海关共监管发运出口中欧班列 107 列,计 10 685 TEU,货运量 12.66 万 t,比去年同期分别增长 24.42%、24.59%、106.82%;监管过境商品车班列 43 列,发运过境商品车(含二手车)8 297 台,比去年同期分别增长 79.17%、103.86%。

三、未来发展

大连海关坚决践行"共建'一带一路'海关必贡献",全力落实海关总署党委促进外贸保稳提质工作部署,进一步完善信息系统使用,积极推进铁路快速通关业务模式扩大应用范围,优化监管作业流程,提高整体通关效率。积极探索内外贸同列运输、集拼集运等业务模式,增强大连中欧班列业务的核心竞争力,助力东北亚海陆大通道建设,以更高的站位、更宽的视野、更大的力度,谋划和推进服务中欧班列高质量发展。

顺丰辽宁区樱桃全产业链服务

宋　莹　顺丰速运(沈阳)有限公司

曾若鸿　顺丰速运(沈阳)有限公司

摘　要: 大连樱桃品种多样,上市期长,围绕樱桃项目,顺丰辽宁区在全国主要消费城市的流向持续发力,实现"铁路空"直发,大大提高了樱桃到达时效性,全力保障樱桃运输,并对有需求的大型果农提供国内先进设备;对樱桃运输各环节进行服务渗透和升级,逐一破解制约樱桃品牌痛点的核心问题,紧密结合顺丰资源体系,全面实现大连樱桃品牌化发展,以科技赋能解决樱桃行业痛点,助力大连樱桃更好地走向全国,从而真正实现大连樱桃品牌升级。

关键词: 樱桃运输;产业链升级;农业经济

如果说冬天是车厘子的天下,那么春天,必然属于大连樱桃!大连位于我国辽东半岛最南端,属暖温带半湿润的季风气候兼有海洋性的气候特点,冬无严寒,夏无酷暑,气候温和,具有得天独厚的地理位置和气候条件,是我国乃至全世界樱桃最佳栽植区之一。

大连樱桃品种多样,除了被誉为"果中珍品"的美早,还有黑玫瑰、红灯、俄八、蜜泉、美国红、巴托等品种,暖棚、冷棚和露天三位一体的种植方式,让大连樱桃的上市期可以从春节后一直延续到7月中旬。大连地区樱桃核心产区主要集中在瓦房店、普兰店、金普新区和旅顺口区。

顺丰辽宁区自2013年起率先启动生鲜农、海产品寄递服务,经过多年经验沉淀和自主开发,已形成一套独有的生鲜配送标准和农业产业链配套服务体系,积极提升农村的物流业态,让小农户也能有效对接大市场。多年来,顺丰连续革新冷源适配、樱桃专属包装、高效流通中转、全货机运输等多项具有创新性的物流配套服务,通过上游"抢鲜、智鲜",中游"保鲜",下游"优鲜"等措施让大连樱桃运往全国各地。

一、"铁陆空"直发,速度领鲜

围绕樱桃项目,顺丰辽宁区在全国主要消费城市的流向持续发力,全货机运输规划达到 10 余架次,单日起降 12 架次,现有全货机均更换为大机型,运载力由原有的 28 t 升级到 48 t。在高峰期,顺丰还积极扩充了散航资源,大大提高了樱桃到达时效性,全力保障樱桃运输。

图 1 大连樱桃航空运输装机中

除航空运力外,顺丰在高铁线路上将实现多个流向多趟列车承运。未来顺丰将逐步扩展线路及车次,为樱桃提供稳定的运输资源保障,也将在全国重点生鲜农产品寄递运输中继续投入高铁运力资源。

与此同时,在樱桃寄递高峰期,顺丰辽宁区将调集上千台冷链运输车辆。冷链总运能可达 3 万 t 以上。

图 2 冷链运输车辆"快马加鞭"运输樱桃

二、科技赋能,产业链升级

品相不一的樱桃会给客户留下"品控不严"的印象,大大降低了客户对品牌的信赖感。

顺丰将对有需求的大型果农提供国内先进的"分拣+水冷"设备和可移动预冷设备,预冷与筛选大小同步,对樱桃进行分级挑选,保证樱桃的大小一致。针对小农户生产种植从选种到品控差异较大,影响产量和品质问题,顺丰农业专家团队进驻产区,对农户种植环境、成果分级以及技术给予直接帮扶指导。利用大数据技术,实现产地溯源,从而实现樱桃产地标准化种植,提升外运果品质。

三、服务升级,助农惠农

顺丰将樱桃产业分解,对种植、采摘、存储、包装、运输、终端等各个环节进行服务渗透和升级,逐一破解制约樱桃品牌发展的核心问题,从而真正实现大连樱桃品牌升级,有力抢占全国市场。金融服务方面,顺丰特有的金融服务功能也将面向广大农户和经销商,为他们提供多种选择的金融产品,缓解种植或销售过程中存在的资金压力问题。

持续升级包装环保标准,配套使用绿色环保可降解樱桃包装。更专业、更优质的包材服务,保质保鲜,能够实现更高效的寄递服务。包装内部的吸水纸由普通吸水纸升级为无纺布吸水纸,改良升级后的吸水效果更好,使用更方便。原来的吸水纸需要放6张,升级后使用无纺布只需要放2张,在大大提升工作效率的同时也更加环保。

四、产业标准化,振兴农业经济

顺丰基于客户的区域品牌特点,顺应物流供应链等需求,为进一步提升产业链发展,将从"育、产、销、运、管"每一个环节出发,面向客户,紧密结合顺丰资源体系,全面促进大连樱桃品牌化发展。以科技赋能,解决樱桃行业痛点,助力大连樱桃更好地走向全国。

图3 顺丰小哥将樱桃装车

随着国家振兴农业经济政策的贯彻落实,生鲜物流行业也将不断发展。顺丰将助力樱桃产业标准化,通过优化物流端服务和赋能产业,更好地为行业做出表率,帮助地方特色经济实现发展,打造全链条服务,振兴农业经济。

基于香蕉和车厘子的案例分析和分享

——大连港毅都冷链有限公司

李　金　大连港毅都冷链有限公司

摘　要： 大连港毅都冷链有限公司依托大窑湾保税港区政策优势，打造了集约化、专业化冷链物流产业群，是国内最早从事港口冷链行业的综合服务企业之一，也是国内第一个开展散货船业务的企业，主营肉类、水果、水产三大优势货品进口业务。随着居民生活水平的提高，我国热带水果进口量飙升，消费升级、进口水果品质不断提升以及税收减少，进口水果价格降低，热带水果进口量将会稳步上升。为进一步推动生鲜电商和生鲜供应链的不断完善，应致力开辟南美、东南亚航线，建立配送体系，进一步提升大连口岸贸易额。

关键词： 热带水果；冷链；供应链服务

大连港毅都冷链有限公司成立于 2004 年 2 月，依托大窑湾保税港区政策优势，打造集约化、专业化冷链物流产业群，是国内最早从事港口冷链行业的综合服务企业之一，也是国内第一个开展散货船业务的企业，主营肉类、水果、水产三大优势货品进口业务；建成了国内港口冷链产品分拨中心，同时也是水产品国际中转中心、东北亚香蕉交易中心。企业分为 1~4 期经营，占地面积 26 万 m^2，库容达 18 万 t，堆存能力超 1 万 TEU。

图1 大连港毅都冷链

一、典型经验总结

(一)香蕉和车厘子的相关产业发展

1. 香蕉

香蕉作为一般消费市场水果,贸易增长量稳定。在2021年全国各进口水果及制品进口额排名中,进口香蕉排名跃居第三位,年进口额为10.4亿美元,同比增长9.2%。

当前大连港以进口香蕉为基础,基本占据口岸91.1%的份额。近三年大连香蕉进口量分别为:2020年进口箱量30 921箱(40RH),占全国的37%;2021年进口箱量23 714箱(40RH),占全国的25%;2022年进口箱量28 759箱(40RH),占全国的32%。

目前毅都冷链香蕉加工量占大连香蕉到港量的10%,约3 000柜。为了加强基础设施建设,毅都冷链规划建设二期香蕉库,项目占地2万 m²,计划建设专业封闭作业月台98个,水果现代化存储库房8间,水果加工库168间。二期香蕉库建成后,水果加工库总数达到391间,香蕉库加工能力提升75%,这将大大提高大连口岸的香蕉的存储量和加工量。大连口岸相对全国进口香蕉贸易量将进一步提升,预计2025年大连香蕉到港量有望占全国的35%。

图2 香蕉加工和存储车间

2. 车厘子

2023 年 1 月 11 日,智利首航船舶"马士基蒂诺斯"轮抵达大连。该船舶于 2022 年 12 月 20 日从智利圣安东尼奥港出发,2023 年 1 月 11 日直达大连港大窑湾码头。大连港车厘子快线船期与广东南沙港和香港相同,全程共计 22 天,较传统中转模式节省 18 天。本航次共搭载进口智利车厘子 616 TEU,其中 592 TEU 车厘子将在大连港卸船后直接运抵东北、华北区域一级批发市场,实现了从农场到市场的一站式快捷冷链运输;另外 24 TEU 车厘子将经大连港中转运抵韩国。

图 3　智利直航船首航

自 2021 年以来,大连港大窑湾码头连续作业智利散货船 6 艘,进口量 29 000 t 左右。其中 2021 年 2 艘、2022 年 4 艘。货物抵连后,凭借数字化赋能卸船全流程,数据透明可视。托盘货物卸货到月台,扫描托盘条码按预设流向分拨装车,高效快速运往东北、华北区域一级批发市场,并借助京东、天猫超市等渠道,通过线上平台及线下门店,快速送往消费者餐桌。

图 4　智利散货船抵连

二、问题及措施建议

据数据统计,我国热带水果进口量飙升,主要产品有香蕉、榴莲、红毛丹、椰子等。这主要是因为我国热带地区面积较少,影响部分热带水果的冬季生产,导致减产等情况。再加上热带水果品类多,多种水果口感较好,深受消费者欢迎,国内生产的水果无法满足消费需求,只能由进口水果来保证。随着居民生活水平的提高,消费升级以及进口水果品质不断提升,税收减少,进口水果价格降低,热带水果进口量将会稳步上升。同时生鲜电商的崛起和生鲜供应链的不断完善直接推动了水果进口量的增加。

具体措施建议如下:

（一）航线规划

当前大连主要水果进口来源于南美和东南亚。

南美航线:毅都智利车厘子散货船直航航线的开通,意味着开通智利直航到大连的包船航线具有可行性。南美其他水果也可搭乘直航快线,继续推进核果、提子、蓝莓等其他水果的进口,增加大连进口水果综合到港量,推动口岸水果到港品类多样化,吸引其他地区的进口商选择在大连上岸。

东南亚航线:大连港以进口香蕉为基础,周班船稳定,每周约24条直航船直靠大连港。随着消费等级的提升,东南亚的榴莲、椰青、火龙果、菠萝等水果进口量不断增加,东南亚进口水果到港量可能继续攀升。对除了香蕉之外的其他水果,需要吸引船公司增开航线,如南美、澳新等,推动口岸水果到港品类多样化,吸引其他地区的进口商选择在大连上岸。

（二）建立配送体系

香蕉进口随之衍生出青蕉原柜直接派送和加工后黄蕉冷藏车配送服务的传统陆运配送,配送辐射范围涵盖东北三省及华北等地区。公路运输成本较高,易受天气等因素影响,对此,可以大力发展不受天气和时间影响、可批量运输的铁路运输服务。

通过建设以冷链陆海大通道为中心的配送体系,利用大窑湾铁路中心站,完善铁路配套体系建设,重点开通"大连—北京"的班列,覆盖蒙东和河北东部的市场。同时重启"大连—哈尔滨""大连—沈阳"等线路的冷藏班列,通过开发市场需求,逐步增加班列密度,降低成本。完善零担配送业务,发展东三省运输网络、京津冀运输网络。通过海铁路冷链联运及各种线路的零担配送业务,将大窑湾建成新型冷链配送园区。以客户需求为导向,提供多种配送物流方案,提升客户满意度,以良好的口碑吸引更多的客户合作,进一步增加大连口岸贸易额。

依托大连港进境水果航线、码头、场地通关优势,毅都自建全球最大香蕉库,为客户提供一站式水果供应链服务,改变传统青蕉到港多次短倒到市场的操作习惯,开展码头黄蕉直达市场的全新业务模式。

新冠"乙类乙管"实施后的大连港散装冻鱼船舶接卸作业案例分享

——大连港毅都冷链有限公司

李　金　大连港毅都冷链有限公司

摘　要: 大窑湾海关严格落实新冠"乙类乙管"移民管理优化政策措施要求及国家移民管理局促进服务航运企业发展16项新举措,根据散货渔船的实际情况制定详细的勤务方案,确保货物快速通关;加强政企联合强化服务,最大限度地提高操作效率。自2016年大窑湾海关成功获得国内首张国际中转货物原产地证明及卫生证明。经过多年发展,毅都集装箱水产品转口业务量稳步提升。未来,大窑湾口岸将借助优势,建设口岸冷链物流供应链平台,助推大连港冷链产业发展。

关键词: 乙类乙管;政企联合;口岸冷链物流供应链平台

　　2023年1月12日,大窑湾港口迎来新冠"乙类乙管"移民管理优化政策实施后的首艘国际中转渔船,也是大连外理公司受新冠疫情影响以来首次恢复冻鱼卸船理货作业,标志着大连港散装冻鱼船舶接卸作业的全面恢复。

图1　大连外理公司受新冠疫情影响以来首次恢复冻鱼卸船理货作业

一、典型经验总结

(一) 经典做法和经验

大窑湾海关、检验检疫局、海事局为企业提供了完善的口岸环境与科学的调度指导。大窑湾海关严格落实"乙类乙管"移民管理优化政策及国家移民管理局促进服务航运企业发展16项新举措,根据散货渔船的实际情况制定详细的勤务方案,确保货物快速通关。

政企联合强化服务,最大限度地提高操作效率。提前制订靠港计划,合理安排泊位和卸货工人,保证船舶有序靠泊、离泊。积极与船东、船员沟通,根据船舶实际情况灵活调整卸货人员数量,压缩俄罗斯散货冻渔船在港时间;使用展翼车进行短途运输,冷库短期存放,既解决了货物手续不全等待问题,又避免了货物融化,还加快了货物疏散速度,得到了广大客户和船东的一致好评。

图2 货物疏散现场

(二) 案例创新点

2013年年初,代理操作散货冻渔船装船的国际中转业务,这是继韩国釜山港之后中国国内港口首次尝试保税货物装船转口以及船舶对装转口的新业务模式;2016年大窑湾海关成功获得国内首张国际中转货物原产地证明及卫生证明,打通了大连口岸面向欧盟、非洲的国际水产品转运通道。

(三) 应用效果及借鉴意义

2013年年初,代理操作散货冻渔船装船的国际中转业务,2016年成功获得国内首张国际中转货物原产地证明及卫生证明。经过多年发展,毅都集装箱水产品转口业务量稳步提升,2019年达到历史峰值,完成0.6万TEU,位居全国第一位。

2023年,代理操作维保 VYBORG 散货冻渔船装船国际中转业务,该船是大窑湾恢复国际中转业务后靠泊的第一艘国际中转渔船。截至2023年4月,大窑湾共计卸散货冻鱼约10万t。未来,大窑湾口岸将借助强大的口岸仓储能力、完善的内陆配送体系、智能的交易平台服务系统、现代化的卸船设备等优势,建设口岸冷链物流供应链平台,助推大连港冷链产业发展。

图3　卸散货冻鱼

二、措施建议

一是通过迅速扩大仓储容量以增强客户信心、提供金融服务、改善口岸通关环境等增加口岸水产品进口量,形成水产品贸易交易中心,进而形成物流中心,加开航线,推动航运发展。

二是加大港口端基础设施建设,带动大连港周边冷库及加工厂,带动口岸实现共同发展。

三是为客户打造保税/清关仓储、国际中转、口岸加工、车船直取以及口岸查验等完善的国际冷链交易服务平台,实现一站式服务。

四是建立以冷链陆海大通道建设为中心的配送体系,开通铁路降低内陆配送的成本,并进一步开拓港口的腹地市场。

围绕大连制造企业进口原材料
末端整合的一站式"绿色物流"服务项目
——大连俱进物流岛

王　阳　大连俱进汽贸运输有限公司

摘　要: 大连俱进物流岛在新冠疫情期间为满足安全防护和保障生产的需要,围绕大连制造企业进口原材料末端整合的一站式物流服务项目,为地区制造企业提供物流一体化配套服务,将通过空港、海港、铁路班列进口的原材料进行拆箱、分拣、消杀、静置、集货、入厂操作,极大地满足了安全防护和保障生产的需要。其以企业需求为立足点,兼顾区域管理,实现双赢;动态库存管理,资源整合,降低制造企业物流成本;开放至制造企业的仓配一体化信息系统;基于光伏新能源的应用,积极推动践行"绿色物流"。

关键词: 大连俱进物流岛;物流中心;仓配一体化信息系统

为深入贯彻习近平总书记关于东北、辽宁、大连振兴发展的重要讲话和指示批示精神,统筹推进"两先区""三个中心"建设,实现"三年过万亿"的发展目标,完善物流体系与地区制造企业的匹配度就成为重中之重。以大连制造企业为例,其生产所需进口原材料分别来自欧洲、东南亚、美洲等地。根据企业对生产时效需求不同,运输方式有空运、海运、中欧班列等,多种运输方式造成了多种运输批量和时效,这就与制造企业的生产计划产生了矛盾。为了同时满足地方政策及企业需求,尤其是新冠疫情期间为满足安全防护和保障生产的需要,围绕大连制造企业进口原材料末端整合的一站式物流服务项目——大连俱进物流岛应运而生。大连俱进物流岛地处大连市开发区双 D 港,占地 8 万 m^2,建设高标准库房近4 万 m^2,为地区制造企业提供物流一体化配套服务,将通过空港、海港、铁路班列进口的原材料进行拆箱、分拣、消杀、静置、集货、入厂操作,极大地满足了安全防护和保障生产的需要。

一、典型经验总结

(一)典型做法和经验

大连俱进物流岛建设的核心思想是为制造企业解决供应链终端资源整合问题,实现将问题在最后一站解决,零问题入厂。以本地知名企业斯凯孚(大连)轴承与精密技术产品有限公司为例,其生产所用精密原材料由空运转运、铁路转运、海运转运分别入仓消杀静置48 h,根据企业生产需求,分拣装车入厂,仅一个企业日转运量就达到300 t,极大程度上满足了企业生产需求和安全管理需求。目前本项目还同时为大连日产、大连大众、大连利勃海尔等制造企业提供进口原材料末端转运服务。

图1 货物的消杀、装卸、分拣、入场

(二)案例亮点

1.以企业需求为立足点,兼顾区域管理,实现双赢

将物流中心功能延伸至企业所在地,扩大了物流服务范围,提升了区域物流体系配套服务能力,同时实现了区域内部物流自循环,以及区域与港口间点对点的封闭管理,既满足了企业经营生产的需求,又实现了对进出口产品的过程监管。

2.动态库存管理,资源整合,降低制造企业物流成本

以往制造企业为了提高厂区使用效率,不断缩减原材料仓储面积,导致存储能力不足。而空港不具备长期存储能力,铁路及海港场站整存整取,与企业仓储需求不匹配,同时企业生产计划存在波峰、波谷,不同时期对仓储面积的需求不同,各自配置仓储资源,会导致浪费,增加物流成本。大连俱进物流岛采用的"用多少租多少、整存零取、零存整取",根据库存量支付仓储费用的动态管理模式,在很大程度上减少了资源浪费,为企业节省了仓储及配送成本,同时也给企业解决了多种运输方式带来的库存管理问题,使得企业能够更加灵活地选择进出口联运方案。

3.开放至制造企业的仓配一体化信息系统

要实现动态库存管理,保证进出口产品监管受控,需要先进的信息系统进行管理,而制造企业使用的系统多围绕生产服务,对仓配过程的管理缺失。为此,大连俱进物流岛项目专门开发了一体化仓配系统,实现了多客户、多订单、多批次、多车辆操作过程管控,同时通过手机 APP 实现驾驶员动态信息记录反馈功能,保证准时送货。

4.基于光伏新能源的应用,积极推动践行绿色物流

为了响应绿色物流的环保要求,提高绿色能源的使用率,提高空间利用率,在大连俱进物流岛建筑物顶安装光伏发电设备,月发电量约 30 万 kW·h,实现园区全部使用绿色能源,同时该设备具备能源存储功能,能为周边制造企业进行绿色能源输出。后续计划配备换电站,实现电动叉车、电动货车快速换电,推动电动货车的使用,逐步替换燃油配送车辆,进一步为绿色环保物流做出贡献。

图2 创新零部件公司综合智慧能源项目(一期)成果并网

二、展望

物流体系就像大树,有像树根一样扩散的集货体系,有像树干一样的粗壮的干线体系,也有像枝杈一样繁茂的分拨体系。大连俱进物流岛项目就像大树众多枝杈中的一个,起到

的作用有限,要想推动大连东北亚国际航运中心和国际物流中心的建设,就需要不断复制推广物流岛项目,茂盛的枝叶会反哺大树,使树干更加粗壮,根系更加发达。希望在旅顺口区、金普新区建设更多的物流岛,同时为了扩大大连国际物流中心的作用,也希望能够将大连俱进物流岛项目推广到沈阳、长春、哈尔滨,进而推动东北腹地的物流整合。这些都离不开相关政策的支持和相关部门的不懈努力。

拼货降低物流成本，组合促进杂货出口

——春安航运件杂货拼货创新案例

于贵勋　大连春安国际物流有限公司

摘　要： 近年来，受经济下行趋势影响，国外市场的进口需求不断减少。为降本增效和促进国内件杂货出口，春安航运在当前市场环境下积极进行战略调整和创新变革，在全球各主要航线中开展件杂货和散货拼货业务，并进一步整合优质资源，优化全球航线布局。这一举措保证了按期保质交货，促进了企业出口的增长和市场口碑的维护，同时也缓解了集装箱市场严重压货、发运难、非基本港物流时间长等问题，在全球范围内建立了稳定的运力保障体系，为区域经济的发展和国际物流中心的建设做出了积极贡献。

关键词： 春安航运；拼货运输；杂货运输航线

作为降本增效和促进国内件杂货出口的重要举措，春安航运在市场下行的大环境下，主动跳出包船运输的舒适圈，积极寻求创新和变革，整合优质资源，创新配载方式，强化安全作业意识。春安航运在全球各主要航线中积极开展件杂货和散货拼货业务，同时在保证已有航线上排船数量的同时，不断开发新航线，完成航线的全球布局，以更多的组合保证船期密度，为件杂货国际贸易的开展提供物流支持。这一举措一方面有效地降低了单吨海运物流成本，另一方面，大量的小票货物汇集形成了件杂货出口的基本港，给周边制造加工企业的货物出口在物流方面带来便利，有效地促进了贸易的形成，为东北亚地区海运物流保增长创造了新的增长点，赢得了良好的市场口碑。

一、典型经验总结

早年的件杂货运输，以中日韩海运为例，多以一艘船一个合同、一票货或少数几票货的包船运输为主，与货主订立运输合同，再从可掌握的运力中寻找对应船型执行航次。该模式操作相对简单,运营成本和风险较低,但单吨物流成本高。

近年来,受经济下行趋势影响,国外市场进口需求收紧,国内各钢材厂商和设备供应商出口大量缩减,单个合同的货量逐渐减少,订舱货量甚至可能只有几百计费吨甚至几十吨。如果再以传统的运输理念小船型适配小票货从事包船运输,无疑会增加单吨物流成本,使货主在国际贸易竞争中处于劣势地位。另外,无法包船的货物不能及时出运也极容易造成不能满足贸易合同交货期的后果。

考虑到非污染、可堆叠的货物以适当的积载方式可以进行拼货运输,春安航运在满足港口吃水限制和泊位设施限制的前提下,在配货前预先进行成本核算和了解卸港政策,积极尝试使用更大吨位船型,将锚地减载和泊位卸货相结合,将船舶的有效仓容用到极致,在市场上寻求更多的拼货,分摊各个环节的成本,降低单吨的海运成本,促进小批量货物的成交。

图 1　拼货运输

用更大的船型来做件杂货拼货运输,需保证不同的货种之间相互接触和堆叠的安全性,春安航运由经验丰富的船长成立货运技术中心,针对船型、舱底负荷、货种货量、特殊货物尺寸、船吊负荷、靠泊情况等多项因素,综合制订配载计划,最大限度地安全利用仓容,保证各家拼货都能安全装卸和积载。

同时,依托国家"一带一路"倡议,春安航运自 2014 年起,已陆续在菲律宾、缅甸、越南、印度尼西亚、新加坡等十余个国家和地区开设了海外分支机构,服务大本营遍布全球件杂货航线的各个基本港。每个分支机构均配备经验丰富的码头船长,为拼货的装卸货作业提供现场指导和协调,真正实现了件杂货拼货运输各个阶段的安全作业。

图2 货物安全装卸和积载

春安航运自实行件杂货拼货以来,因航线艘次和船期日益稳定可靠,在稳固优质老客户的基础上,通过价格优势和高质量服务,吸引了大批优质小票市场货货主,安全可靠的配载和装卸计划使其愿意将待发运货物从集装箱运输的单一模式中解放出来,尝试同其他件杂货一起参与拼货运输。这种运输方式既使货主的单位货物运输成本得到了有效的降低,又保证了客户按期保质交货,维护了托运人的信誉和口碑。同时,这一举措为国内和东北亚的件杂货出口运输提供了更多稳定可靠的运力,使得集装箱市场严重压货、发运难、非基本港物流时间长的现象得到了有效的缓解,也为国内外贸货主在货物出口运输方式上提供了更多的选择。

图3 杂货拼货装载中

N

二、措施建议

在东北亚国际航运中心和国际物流中心建设的政策支持下,各航企要打开格局,放下戒备,互相支持,统筹各司运力和货运资源,共同用大连航企的品牌占领主流市场,树立品牌形象,提升整体竞争力。

立足大连,依托东北亚,放眼世界,春安航运及各优秀航企的创新举措离不开东北亚国际航运中心的政策支持,如若航企的创新建设能够反哺东北亚国际航运中心建设发展,将不胜荣幸!

"大鹏一日同风起,扶摇直上九万里。"在大连东北亚国际航运中心和国际物流中心的鼎力支持下,愿大连各航企勠力同心,团结一致高质量发展,努力打造大连航企的金字招牌,全面掌握国际货物运输的话语权。

川盛国际炼化企业石蜡"一票通"管理方案

李 非 大连川盛国际物流有限公司

摘 要: 大连川盛国际物流有限公司作为一体化、专业化的第三方物流公司,其所建立的大窑湾出口石蜡专业库在管理上存在损失严重、管理成本高、人工管理差错率高、多家操作责任不清等问题。为进一步改善现状,该公司提出一体化"一票通"出口石蜡服务方案,在管理、存储、装卸、安全等方面进行管理模式创新,以贯彻"科技改变物流,技术降低成本"的理念,为客户提供了安全、高效的物流解决方案。

关键词: 大连川盛国际物流;"一票通"出口石蜡服务方案;机械化、数字化

大连川盛国际物流有限公司成立于 2002 年,是专门从事大中型中资企业、合资企业、外资企业的物流策划、海陆运输、仓储管理、人机装卸、商品配送、产品包装、货物中转、定船订舱、报关报检、远程货物、运输管理的一体化专业化第三方物流(3PL)公司。

公司施行管理"数字化"、存储"立体化"、装卸"机械化"和安全"责任化"管理模式,利用现代化物流管理手段和方案为中国石油天然气集团有限公司大连石化分公司、东北化工销售分公司、大连润滑油分公司、东北中石油国际事业有限公司、松下空调、法国家乐福、三一重工、中联重科等世界五百强企业做 3PL 策划与管理。

现将川盛国际炼化企业石蜡"一票通"管理方案介绍如下:

一、项目背景

2018 年川盛国际根据客户出口石蜡服务需求建立大窑湾出口石蜡专业库。

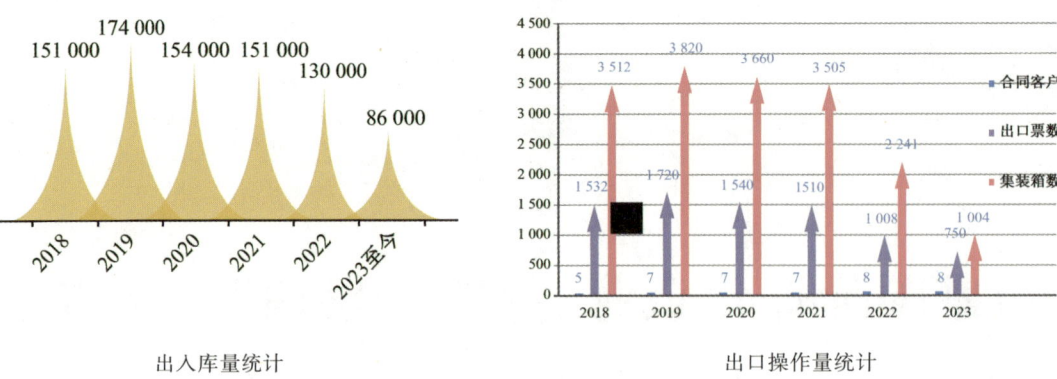

图1　出入库量和出口操作量统计

二、客户痛点

首先是存储量大,损失严重;装卸量大,缺失严重;堆垛码放,不易盘点。其次是人工统计,管理成本高;人工管理,无法先进先出;手工录入,差错率高。最后是多家操作,责任不清;报关报检,查验率高;场地混杂,安全性低。

图2　出口石蜡存储、装卸现场

三、解决方案

为满足客户100万t/年出口石蜡的存储、装卸、租船、报关报检、集港需求,川盛国际本着"科技改变物流,技术降低成本"理念制定一体化"一票通"出口石蜡服务方案。

(一)管理理念

实现管理"数字化"、存储"立体化"、装卸"机械化"、安全"责任化"。

(二)管理模式

1. 制定"立体化"标准化存储模式,解决盘点难、存储变形、融化货品损坏问题

通过条码扫描进行操作、查询,保证货品存储质量、提高出入库准确率、做到先进先出,

提高现场作业盘点效率。

图3 "立体化"标准化存储现场

2.研发先进设备,实现"机械化",解决装卸缺失、装卸破损率高、效率低等问题

翻转装卸叉车、自动码垛机、推拉式叉车使用,确保了出入库量大时出入作业的时效性,装卸效率提高了50%,杜绝了缺失、损坏,降低了物流成本。

图4 研发先进设备,实现"机械化"

3.采用"数字化"信息系统管理,解决人工统计、人工录入、人工管理等问题

采用"CS管理系统"进行信息化管理,时时反馈信息流,实现报表"一键"导出,出入库信息"一键"导入,杜绝人工统计差错,实现石蜡全流程监控,降低管理成本。

4.设立大窑湾管理中心,实施"责任制"

为解决多家操作责任不清、海关无法监管、安全性低等问题,管理中心专门为出口石蜡设施专业库配备专业管理、操作人员,实施"责任制",保证责任清晰和货品安全。与大连港、海关系统对接,进行24 h监控,开通化工品"绿色通道",降低出口查验率。

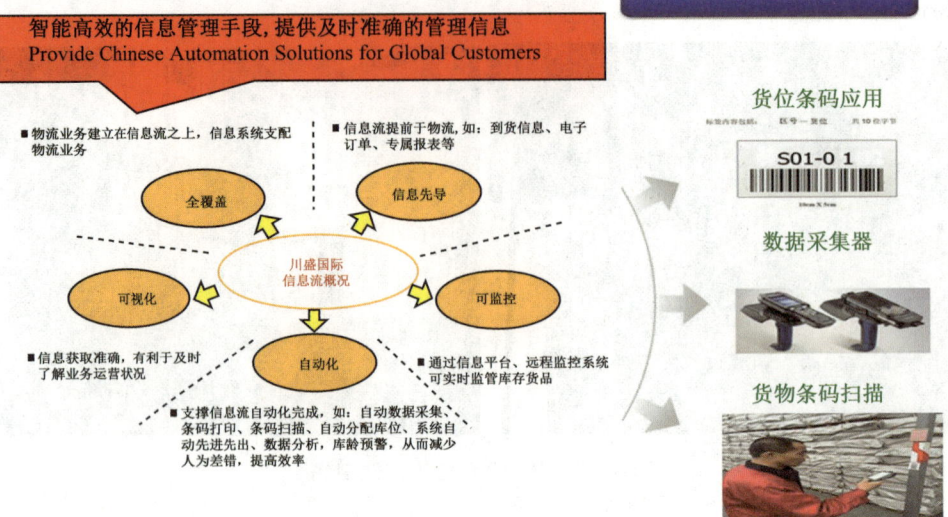

图 5　采用"数字化"信息系统管理

汽车主机厂海外供应商
JIT 供货方案——需求分析

庆建辉 大连捷通物流有限公司

摘 要：作为拥有多项资质的综合性物流企业，大连捷通物流有限公司主要从事储运物流、国际货运代理、贸易及贸易代理等业务。在汽车主机厂海外供应业务中，存在着配送时效、商社无法参与交易、占用流动资金、主机厂无法接受巨大金额进境增值税等问题。因此针对汽车主机厂海外供应商的需求，该公司采取 JIT 供货方案，通过在保税仓库内实现无缴税入库、利用商社作为第三方参与交易等措施，为客户提供了高效可靠的物流解决方案。

关键词：大连捷通物流有限公司；需求分析；跨国采购

大连捷通物流有限公司（JTL）（以下简称"捷通物流"）成立于 1993 年，总部位于大连经济技术开发区钢铁路 80 号，注册资本为人民币 4 000 万元，员工人数为 68 人。公司拥有海关公共保税仓库、海关出口配送仓库和海关监管仓库等多项资质，是海关 AEO 高级认证企业、全国优秀报关企业、中物联认证 AAA 级物流企业、中国仓储与配送协会五星级仓库、航空一类货运代理企业、大连市出口百强企业以及大连市外贸综合服务平台企业等。公司的工业团地仓库位于大连开发区淮河西路 30 号，大连机场办事处位于大连甘井子区迎客路 19# 6-1-1，天津公司位于天津开发区第六大街渤海路 27 号。同时，公司还通过了ISO9001 质量认证。

捷通物流的业务按大类分为储运物流业务、国际货运代理业务、贸易及贸易代理业务。现以汽车主机厂海外供应商 JIT 供货方案——需求分析为案例进行介绍。

一、基本需求

1. 主机厂要求海外供应商按照 JIT 的方式供货，配送时效为 48 h。

2. 海外供应商在国内的销售统一由指定的日本商社完成。

3. 为避免汇率风险,日方供应商与商社、主机厂的结算统一按日币进行。

4. 主机厂要求国内的零件库存需有 2~3 个月库存量。

二、基本问题

1. 跨国采购如果按照订单从日本发货,海运交货周期为 7~15 d,空运交货周期为 3~5 d,无法满足 48 h 的配送时效。

2. 如果提前进口,在国内准备 2~3 个月的库存,进口时缴纳关税及增值税,需要 3 000 万~5 000 万的税款作为流动资金,资金占用量巨大。

3. 如果货物进境时按一般贸易进口,主机厂承担进口增值税金额巨大,无法接受。

4. 商社无法参与交易,海外供应商的销售体系及模式变化,异常麻烦。

三、汽车主机厂海外供应商 JIT 供货方案

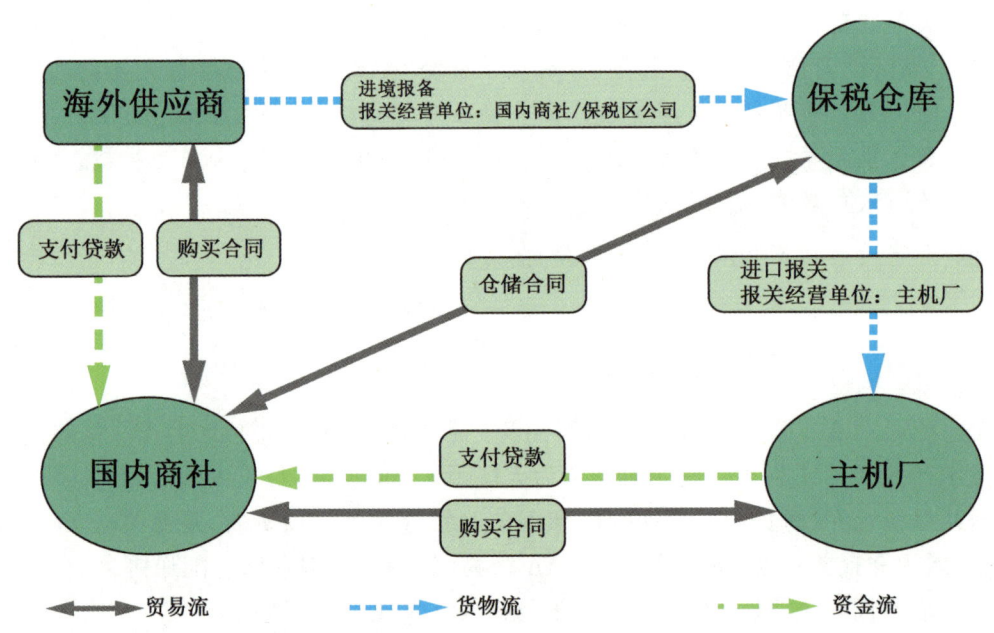

图 1 汽车主机厂海外供应商 JIT 供货方案-方案设计

对于 4 个基本问题的处理如下:

1. 商社无法参与交易的问题

商社利用其在保税区的公司作为承接此业务的载体,可以以第三方的身份参与此项业务。

2. 货物进境需要缴税,占用流动资金问题

海外供应商的库存货物入境后进入捷通保税仓库,入库时无须缴纳关税及增值税。

3. 进境缴税, 主机厂无法接受问题

收到主机厂订单后, 再进行通关、缴税。

4. 海外直接供货, 无法做到 JIT 配送

在主机厂下达订单后, JIT 配送可在 48 h 内完成通关、配送。

大连中远海运危险化学品
仓储运物流建设案例

潘　军　大连中远海运集装箱运输有限公司

摘　要： 近年来，由于市场不规范运行事故频发，大连中远海运化学品储运有限公司采用数字化模式，推动行业向"智安全、智仓储、智运输"转型，以全面减少安全隐患。然而，大连化学品仓储物流建设面临多重挑战，包括公共型危险品仓库经营受限、周边港口竞争激烈、腹地经济发展不均衡以及缺乏综合型人才等问题。因此，有必要借鉴上海先进的监管模式，优化整合辽宁沿海港口资源，促进产业集群发展，并加强高端人才培养，为建设东北亚国际物流中心提供新的有利补充。

关键词： 危险化学品仓储物流；数字化运营；辽宁港口资源整合

近年来，依托大连市积极建设东北亚国际航运中心和国际物流中心的国际背景，针对危险化学品仓储物流行业的特殊性，为解决市场不规范运行造成事故频发的行业痛点，大连中远海运化学品储运有限公司成立，成为大连首家以危险化学品仓储物流为核心业务的专业性物流企业。该公司运营管理的"长兴岛化学品物流园"作为东北地区设计存储量最大的现代化、智能化、多功能、综合性第三方大型危化品储运中心，填补了大连市无公共化学品仓储物流设施的空白。该公司以"高起点建设、高标准管理、高质量发展"为总体要求，以仓储安全化、物流智慧化、供应链协同化构建数字化管理平台，着力打造"智安全、智仓储、智运输"的品牌形象，进一步巩固与强化大连在东北亚国际物流中心建设中的核心作用，为在新时期建设东北亚国际物流中心提供新的有力补充。

图 1 大连中远海运化学品储运有限公司

一、典型经验总结

(一)典型做法和经验

大连中远海运化学品储运有限公司隶属于大型央企中国远洋海运集团有限公司,是一家以化学品仓储物流为核心,兼营道路运输、进出口货物等业务的综合性物流企业。公司依托大连长兴岛石化产业基地的独特区位优势、中远海运集团优质的央企品牌和化工物流板块多年的行业经验,通过专业的人才队伍配备、系统的安全教育培训、完备的制度体系建设、高效的安全管理平台,使安全生产责任得到全面落实,安全生产意识深入人心,进而取得危化品经营许可证,成为大连首家具有专业资质,可以对外经营的第三方危化品储运企业。在安全运营方面,公司对标国际一流化学品仓储物流技术与服务,通过广泛应用人工智能、大数据、物联网等高新技术,达到安全管理的线上、线下融合,可实现仓储环境监控自动化、人员管控精细化、操作流程规范化、检测预警实时化的数字化运营模式,最大限度地消除安全隐患,保障运营安全。

(二)案例创新点

数字化模式为公司安全运营赋能。公司数字化运营打破了传统行业以人力操作为主的经营模式,极大地降低了安全隐患。

公司采用 AR 鹰眼、AR 高空云台和 AR 球机、热成像摄像、前端 AI 摄像等设备,实现园区场地全景监控,园区内人、车、物的精准管控。

图 2　园区场地全景监控系统

公司充分利用物联网、AI 视频分析、生物识别等技术,动态感知人的不安全行为和物的不安全状态,从而实现风险的预前感知、提前报警的功能,可避免风险事故的发生或将风险事故的损失降到最低。

公司通过自主研发的安全管理平台使各类监测数据联通,将线下的安全管理与线上的反馈数据充分融合,双向交互,多重保障,进而做到风险整体管控,更大程度地保障安全,打造"智安全、智仓储、智运输"的行业新标。

(三) 应用效果及借鉴意义

公司作为大连首家、东北地区设计存储量最大的现代化、智能化、多功能、综合性第三方大型危险化学品仓储物流服务中心,可实现油漆,易燃、易爆、易制毒化学品等从储到运一站式服务,为客户打造高标准、高品质的全程供应链一站式解决方案。

公司填补了大连市无公共化学品仓储物流设施的空白,补齐了化工产业链在物流板块的短板,缓解了多年以来危化品仓储物流行业不规范运行的痛点,为在新时期建设东北亚国际物流中心提供新的有利补充。

二、面临的问题及措施建议

(一) 当前面临的问题

1. 目前大连公共型危险品仓库的监管模式参照工厂自用仓库,采用全品类细分清单制管理,所有货物进出库前必须严格执行产品清单备案制度。此要求对公共型危险品仓库经营产生制约。

2. 周边港口竞争激烈。辽宁省内的港口面向同一个腹地,服务区域重叠,营口港以其特殊的区位优势发展势头迅猛。环渤海区域的天津、青岛两大港口的存在也将使大连口岸的传统海运货物发生分流,在一定程度上影响了大连港东北亚地区枢纽中转港作用的发挥。

3. 腹地经济发展相对滞后。虽然当前振兴东北老工业基地战略取得明显成效,但东北地区的经济发达程度和国际化程度与"长三角""珠三角"及山东省、京津冀相比还有一定差距。

4. 缺少岗位所需的综合型人才。综合型人才的缺乏成为制约行业发展的关键因素,目前知识、技术含量较高的复合型人才极度紧缺,劳动层次分布不均,无法满足日益增长的人才需求。

(二) 针对以上问题的建议措施

1. 学习上海先进的监管模式,采用危险品大类进行备案,在大类下的细分品类不再全部备案,以此既能保证监管安全,又能提升企业经营效率。

2. 向更高层级反映,进一步科学整合优化辽宁沿海港口资源。强化和完善口岸服务功能,扩大服务区域,逐步建成以大连口岸为核心、以辽宁沿海港口物流节点为支撑、以东北地区物流节点为主体的物流网络体系。

3. 提升港口腹地经济水平,发展产业集群。建设国际航运中心,必须依托港口腹地经济的发展,其中产业集群是坚实基础。产业集群能实现对集群内资源的相对集中和高效率使用,能带来规模经济和范围经济效益,降低集群内企业之间的交易和谈判成本,产生强大的溢出效应。要根据大连整体经济定位,大力扶植和发展与之相匹配的产业集群。

4. 加强高端人才培养,健全用人机制。给予引进的高端人才优厚的落户等政府激励待遇,激励他们发挥更大作用,并解决他们的后顾之忧;通过联合培养、委托培养等多种方式,培养实用型人才,加强人才队伍建设。

大连—符拉迪沃斯托克直航航线通航

曹　捷　大连机场集团

摘　要: 为贯彻落实新时代推动东北全面振兴的理念,经大连机场与市政府相关部门等积极努力,在最短时间内实现了大连—符拉迪沃斯托克直航航线通航,创造了新的"辽宁速度"。接下来,大连机场应采取一系列措施确保航线长期稳定运营,首先要加大航线宣传推广力度,其次要吸引俄罗斯远东地区客源选择本航班来连开展商务、旅游活动,再次要积极吸引国外旅客来连转机,最后要继续计划开通其他定期航线,从而将俄远东地区打造成大连机场国际航线发展新航向。

关键词: 大连—符拉迪沃斯托克直航航线;国际航线;东北全面振兴

在辽宁省委省政府、大连市委市政府的大力支持下,2023年10月19日大连机场开通俄罗斯符拉迪沃斯托克直航航线,由海南航空执飞,每周四一班。

图1　中国辽宁大连—俄罗斯符拉迪沃斯托克直航通航仪式现场

此次大连—符拉迪沃斯托克直航航线通航,是大连机场贯彻落实习近平总书记2023年9月7日在新时代推动东北全面振兴座谈会上的重要讲话精神,深度融入共建"一带一路",

加快辽宁全面振兴、全方位振兴新突破,服务大连"两先区""三个中心"建设的重要举措,将为推动大连与俄罗斯远东地区经济合作,加强友城联络、经贸往来和旅游发展创造便利条件。

2023 年以来,大连机场积极推进辽宁沿海经济带高质量发展和"两先区""三个中心"建设,加速恢复日韩及东南亚等国际航线,积极开辟新的国际航线。截至目前,已有 11 家航空公司开通了至 5 个国家(日本、韩国、俄罗斯、泰国、越南)的 11 个城市的航线(首尔、济州、东京、大阪、名古屋、福冈、仙台、广岛、符拉迪沃斯托克、曼谷、芽庄),国际和地区航班达到每周 100 班,其中客运航班每周 93 班、货运航班每周 7 班,国际运输量继续保持东北地区首位,对日航班量保持全国前三。

一、典型经验总结

按照辽宁省委关于加快开拓俄罗斯市场的工作要求,大连机场与市政府相关部门及相关航司各司其职、全力以赴做好各项工作。经各方积极努力,在最短的时间内,大连机场完成了 2023 年 10 月 19 日大连—符拉迪沃斯托克直航航线通航任务。这条航线从计划到开通用了最短的时间,创造了新的"辽宁速度",这个"辽宁速度"的创造得益于中俄双方的共同努力、通力合作。

接到 2023 年 10 月 19 日和俄罗斯符拉迪沃斯托克直航通航的工作任务后,大连机场立即与 9 家国内外航空公司进行了商洽,并主动与中国民用航空局(以下简称"民航局")等单位沟通国际航权和航班时刻审批流程,向俄方机场了解航班保障和支持政策等相关情况。其中俄罗斯航司提出无运力无法开通,国内很多航司除提出补贴要求外,还因航权审批时间不足(至少需要 60~90 个工作日)表示无法按期开通,只有海南航空有前期基础,表示愿意承担开通任务,并提出补贴要求。为保证按期开通航线并维持稳定运营,按照市领导要求,由市口岸办牵头,大连机场与相关单位共同成立大连—符拉迪沃斯托克航线工作专班,一方面多次赴民航局争取航权支持,另一方面与海南航空开展商务谈判,加快合作进程,仅用 12 个工作日就完成了国际航权审批及其他审批事项,确保了 2023 年 10 月 19 日大连—符拉迪沃斯托克客运正式直航通航。

二、下一步工作建议

为确保航线长期稳定运营,一是大连机场将与航空公司一道加大航线宣传推广力度,提供更有竞争力的票价和优质的服务,吸引全国客源来连选择本航班。二是与省市相关部门共同合作,吸引俄罗斯远东地区客源选择本航班来连开展商务、旅游活动。三是借助大连机场日、韩航线网络优势及大连市 144 h 过境免签政策,积极开拓日、韩与符拉迪沃斯托克间旅客经大连中转的产品,吸引国外旅客来连转机。四是以此航线的开通为契机,继续谋划开通大连至哈巴罗夫斯克等地的定期航线,将俄远东地区打造成大连机场国际航线发展新航向。

第四章

智能科技应用案例

随着科技的不断发展,智能科技在航运与物流行业中的应用日益广泛。这些智能科技包括物联网、大数据、人工智能等,有助于提高效率、降低成本、优化服务。

本章介绍了一些智能科技应用案例,涉及船舶生活污水监控系统设计应用实验、新能源技术助力航运高质量发展等多个方面;同时,还将探讨智能科技在航运与物流行业中的发展趋势和应用前景。

基于 4G 网络的滚装客船生活污水排放监控系统设计应用实验

马会普　大连海事局

摘　要：随着《船舶水污染物排放控制标准》(GB 3552-2018)(以下简称"新国标")的实施,大连辖区船舶生活污水主要存在实船检测数据不容乐观、生活污水处置装置运维成本高、取样难、检测时间长、港口接收设施不足等问题。为应对这些问题,大连海事局研发了一套基于 4G 网络的滚装客船生活污水排放监控系统,有效地遏制了船舶对生活污水的任意排放行为。尽管当前系统的传感器和化验技术尚难以精确检测船舶生活污水的具体生化指标,但这为实现全方位、全过程监管船舶污染物排放,以及建立综合船舶污染物监控平台奠定了坚实基础。

关键词：新国标;船舶生活污水排放;监控系统

2018 年 1 月 16 日,环境保护部与国家质量监督检验检疫总局联合发布国家环境保护标准。"新国标"的制定充分结合我国环保实际和未来目标,在排放控制和排放指标上高于国际标准,主要体现在航行中排放的要求和排放口指标检测的超标排放认定。船舶生活污水的任意排放将产生严重的生态后果,按照目前的国际公约和法律规范要求方面,执法部门虽有法可依,但对任意排放缺乏必要的监控手段,导致取证困难。大连海事局基于 4G 通信技术、先进超声波传感器技术,结合船舶 GPS 系统,提出了一个旨在对船舶生活污水排放进行全过程监控的可行性方案,为船舶管理和海事监督提供了可视化的管理手段。

一、典型经验总结

(一)典型做法和经验

渤海作为我国唯一的半封闭型内海,由于出口窄、内径大的特殊地形,水体速度缓慢,交换能力低,水污染物的排放对海洋环境的危害成倍叠加,极易导致水体富营养化产生赤潮、海洋生物死亡、疾病传播等后果。

"新国标"要求无论经过何种处理,船舶排放生活污水必须在"航行中"进行,且满足相应航速下排放速率的要求,这点比 MARPOL 公约更加严格,监管难度也更大。经调查,目前大连辖区船舶生活污水主要存在以下问题:一是实船检测数据不容乐观。大连海事局曾对辖区客运船舶生活污水进行取样化验,25 个样品中仅有 2 个样品化验指标全部合格,合格率仅为 8%。二是生活污水处置装置运维成本高。超过最大需用人数使用生活污水处理装置和装置运维不当是导致船舶生活污水超标排放的主要原因。"新国标"实施后,全国海事管理机构对多起船舶生活污水超标排放开出罚单。三是取样难、检测时间长。船舶生活污水处理装置未设置合理的取样装置,取样和检测耗时长,样品保存、运输等环节实践操作难度较大。四是港口接收设施不足。不同于船舶含油污水的接收,船舶生活污水没有回收利用价值,回收处理费用高,还要面临接入城市生活污水处理管网的高门槛要求,接收单位普遍接收意愿不强。

以上原因导致船舶生活污水任意排放增加,海事部门和航运公司迫切需要一种能够实时监控船舶生活污水排放的手段。大连海事局积极推动水上交通安全现代化治理体系的完善和治理能力的提升,构建"陆海空天"一体化水上交通运输安全保障体系,研发了一套基于 4G 网络的滚装客船生活污水排放监控系统。

滚装客船生活污水排放监控系统通过在船舶生活污水各排出管路安装外卡式超声波传感器获取排污信号,结合 GPS 和北斗双定位系统获取的船舶位置和时间信息可以准确判断船舶是否在正确的区域排放生活污水。通过安装在驾驶台的服务器将相关信息整合,海事监管部门和船公司可通过浏览器架构(BS 架构)远程查看。

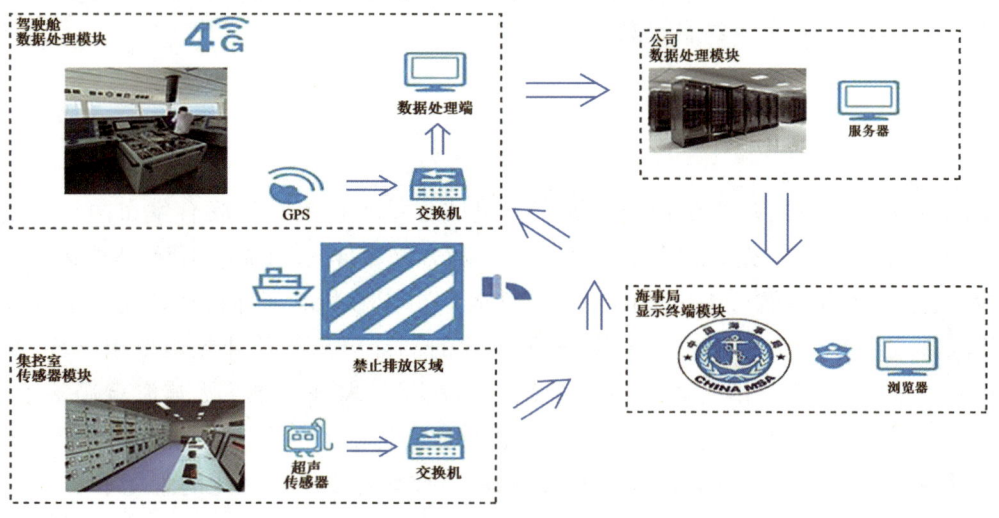

图 1　滚装客船生活污水排放监控系统组成

（二）应用效果和借鉴意义

基于4G网络的滚装客船生活污水排放监控系统的广泛应用丰富了船舶公司的管理手段，提升了船舶管理公司的管理能力，有效地减少了船舶生活污水的任意排放，具有现实的生态环境效益和经济效益，为保护海洋环境、打造绿色港湾提供了坚实保障。同时，该系统的研发也为有关部门制定政策提供了有力的数据支撑，有利于提高中国在国际海事组织的话语权。

二、面临的问题与措施建议

基于4G网络的滚装客船生活污水排放监控系统的设计应用实验，从"新国标"实施后对监管的要求、系统建模、硬件设计到实船测试，证明了本系统能够实现船舶生活污水排放监控的基本功能。

"新国标"制定的排放标准非常严格，具有一定的前瞻性。以目前的传感器和检测化验技术，很难实现对船舶生活污水具体排放生化指标的检测。随着传感器技术的不断进步和升级，本系统具有较大的可拓展性，通过软硬件的升级，在框架微调的情况下满足对更多指标排放的监控要求，为实现对船舶污染物排放全方位、全过程监管，建立船舶污染物监控综合平台打下良好基础。该系统的应用与推广，对于打造绿色港航、促进港口生态利益和经济利益的共同发展具有重要意义。

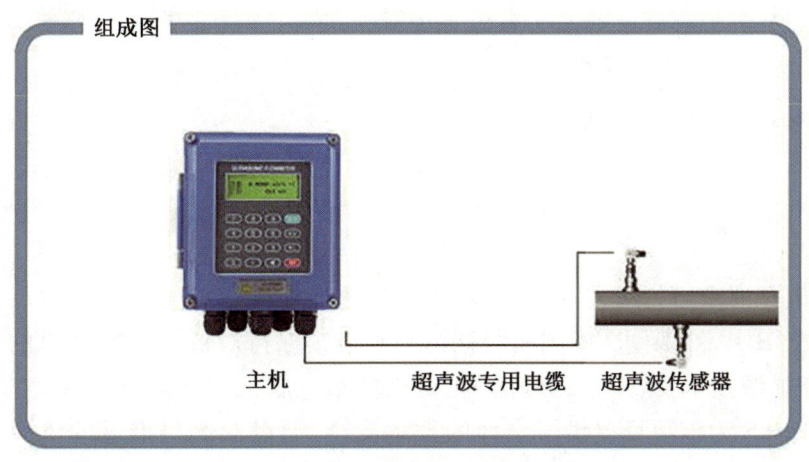

图2　超声波传感器

新能源技术助力航运高质量发展
——"远瑞洋"轮 LNG 双燃料 VLCC 技术服务案例

董学斌　中国船级社大连分社

摘　要: 为了确保国家能源运输的安全性以及保护沿海地区的海洋环境,中国船级社依托管理创新和技术创新,在2022年2月28日成功交付了"远瑞洋"轮,这一成就不仅将中国置于该领域的全球前沿,还实现了新能源技术上的重大突破,为绿色航运指明了前进的方向。随着国家"碳达峰"与"碳中和"政策的逐步推进,船舶行业的新能源技术得到了更广泛的应用。然而,配套的岸上新能源加注设施依然较为缺乏。当前,船舶新能源技术的发展仍处于探索阶段,一旦发展路线明确,对应的新能源加注设施需求将大幅增加。

关键词: "远瑞洋"轮;技术创新;绿色航运

绿色、低碳是海事可持续发展的关键,为确保国家能源运输安全和沿海海洋环境安全,落实"碳达峰""碳中和"要求,中国船级社(CCS)持续保持对低碳燃料技术的跟踪与研究,并引领业界新能源技术发展。"远瑞洋"轮是全球第一艘液化天然气(LNG)双燃料的大型油船(VLCC),CCS为该项目提供了全面的技术支持,通过双燃料推进的风险评估方法,结合实船项目,制定了LNG燃料系统检验和试验的技术标准、EEDI验证方法等。2022年2月28日,"远瑞洋"轮成功交付,标志着我国在该领域走在了世界前沿并实现了技术突破,促进了LNG双燃料动力船与LNG产业链一体化发展,实现了上下游供应链价值协同效应,为绿色航运开辟了一条清晰路径,具有里程碑意义。

一、典型经验总结

(一) 典型做法和经验

1. 技术先行

技术突破是项目成功的关键,由于 LNG 双燃料在 VLCC 上的应用还没有先例可循,CCS 从 2019 年项目初期就深度介入,积极交流,加大科研力度,集全社之力在船型开发、燃料舱选型、燃料罐总体设计、燃料系统设计原则等方面进行了全面的技术研究,为"远瑞洋"轮的设计、建造和顺利交付奠定了坚实基础。

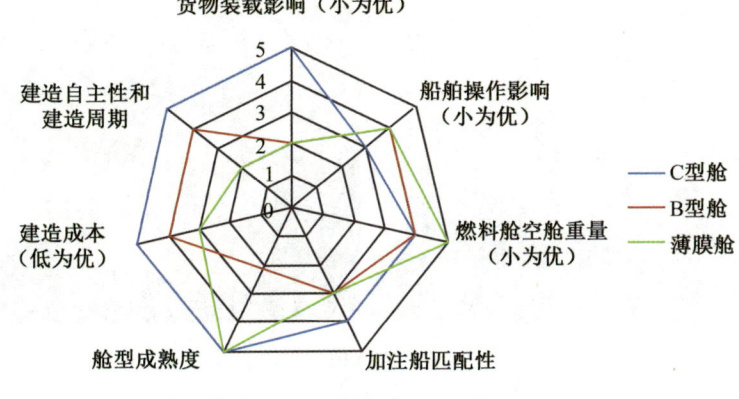

图 1　LNG 燃料舱舱型选择

2. 风险评估

面对新技术应用等诸多不确定因素,风险评估是关键。CCS 采用了科学的、系统的方法对项目进行风险分析,重点对 LNG 燃料的加注、存储及 LNG 处理供气等操作环节中的风险进行识别、分析,寻求各模块潜在的失效模式、失效机理、严重级别及失效后果,建立了科学的安全评估体系,形成了风险评估报告,并提出应对措施,为项目的进展提供了安全保障。

3. 严谨敬业

LNG 系统调试的难度非常高,CCS 项目组不畏艰险,以船为家,突破性地以"零报警状态"一次性完成无人机舱试验,一次性完成主机耐久试验以及所有相关"子试验",顺利完成了气体模式下主机及发电机柴油和燃气互换试验、主机遥控试验、废气锅炉蒸发量试验、货油联调试验、失电试验、操纵性试验、振动噪声测试等重点项目,敬业精神与取得的成绩业界瞩目。

(二) 案例创新点

1. 管理模式创新

CCS 探索出了一种解决重大创新船舶检验问题的项目管理模式,即依靠 CCS 整体技术和管理优势,组建了规范研究、船舶审图、产品审图、产品及现场建造检验的技术团队,打破了 CCS 内部业务线的壁垒,举全社之力解决重大技术问题。

2. 技术创新

LNG储气系统是"远瑞洋"轮的最大亮点之一。依托工信部"满足船舶能效设计指数第三阶段的LNG动力超大型油船关键技术研发与应用"科研项目,CCS协助大船集团突破了LNG燃料舱的技术设计、高精度建造、安装和试验技术。主要创新点如下:

(1)采用主流风险评估方法对本船LNG燃料的加注、存储及LNG处理供气系统进行风险识别、分析,风险分析采用的方法及种类、风险分析面的覆盖范围以及每个研究对象的研究深度都远超以往船舶领域应用风险分析的工作量。

(2)首次对大型液货船上应用C型燃料舱LNG双燃料系统进行了系统性的研究分析,在综合研究规范、公约、法规等的基础上,制定了科学的LNG燃料系统检验和试验技术标准。

图2 "远瑞洋"轮

(三)应用效果及借鉴意义

从减排能效指标方面看,"远瑞洋"轮是全球第一艘液化天然气(LNG)双燃料超大型原油船(VLCC),满足船舶能效设计指数(EEDI)第三阶段要求,相比基线值低约39.3,在以LNG作为船舶动力源时,碳排放可较普通燃油船舶降低约20%,是全球首艘达到该碳排放标准的VLCC,硫氧化物减排99%,颗粒物减排98%,氮氧化物排放满足国际海事组织(IMO)Tier Ⅲ要求。

二、面临的问题及措施建议

岸上新能源加注配套设施。目前VLCC营运航线已存在中东—美湾(12 300 nm)、中东—欧洲(11 400 nm)、西非—远东(10 300 nm)、中东—远东(6 600 nm)和美湾—远东(15 200 nm)几条典型航线。

表1 LNG加注点分布

美湾	①TOTE公司:2 200 cbm LNG Bunker Barge,2018年交付。
	②Harvey Guif公司:4 000 cbm LNG Bunker Barge,2020年交付。
	③Harvey Gulf公司:计划建造8 000 cbm LNG Bunker Barge,尚未敲定
海湾地区	①阿曼索哈尔港:舱容为划建小型LNG液化厂,用以提供LNG加注服务。
	②卡塔尔石油(QP)和壳牌计划在中东共同推进LNG加注业发展

续表

欧洲	①已有 7 艘 LNG BV,最大舱容为 7 500 cbm。 ②另有 4 艘 LNG BV 已经订造,最大舱容为 12 000 cbm
斯里兰卡	汉班托特港计划建设 LNG 加注基础设施
中国	①舟山新奥:8 500 cbm, LNG BV,2020 年交付。 ②上海中海油:12 000 cbm+6 000 cbm LNG BV,2021 年交付。 ③中海油 30 000 cbm LNG 运输船正在研讨加装 LNG 加注设备的可行性
日本东京湾	①Ecobunker:2 500 cbm LNG BV,2020 年交付。 ②CLS:2 500 cbm LNG BV,2020 年交付。
新加坡	①FuelLNG:7 500 cbm LNG BV ×2,2020 年交付。 ②MOL:12 000 cbm LNG BV,2021 年交付。

随着"碳达峰""碳中和"的逐步落实,船舶新能源技术应用越来越广泛,但岸上的新能源加注配套设施仍比较缺乏。目前,船舶新能源技术发展路径仍在探索中,待发展方向确定后,对新能源加注配套设施的需求会比较大。

中国船级社助推绿色 VLCC 扬"帆"远航

张荣鑫　中国船级社大连分社

摘　要: 本着安全、环保以及为客户和社会创造价值的核心宗旨,中国船级社在 2014 年至 2023 年的近十年间,积极参与多个国家重点项目,并发布了《船用硬质翼面帆评估与检验指南》。这一举措填补了国内在该领域的技术空白,确保了技术的安全可靠性,并取得了显著的节能效果,为全球节能减排事业贡献了中国船级社的力量。随着清洁能源如风能逐步进入航运业,同时其作为新设备的使用也将给航运和物流中心带来新的挑战。为此,各方应提供更有利的政策支持,共同营造良好的航运发展环境。

关键词: 中国船级社;风险评估;技术创新

绿色环保是航运业新时代的主题,要实现国家的碳达峰、碳中和战略目标,航运业要做到技术先行。中国船级社(China Classification Society,CCS)自 2014 年至 2023 年的近十年间,参与了工信部"风帆技术示范应用开发"和"翼型风帆助推系统工程化应用研究"两个国家重点项目,通过实船的成功应用,系统性地解决了硬质翼面帆在 VLCC 上应用的各种技术难题和标准问题,并于 2020 年 7 月 1 日发布了《船用硬质翼面帆评估与检验指南》,填补了国内该领域的技术空白,做到了技术安全可靠,并实现了新型复合材料在 VLCC 上零的突破,取得了节能效果明显的卓越成绩,有效地推动了风帆船舶"凯力"轮和"新伊敦"轮的顺利航行,实现了助推绿色船舶扬"帆"远航,为我国的绿色航行进行技术引领,从而达到了世界领先水平。

一、典型经验总结

CCS 作为航运业的技术保障部门,核心宗旨是安全、环保及为客户和社会创造价值。风

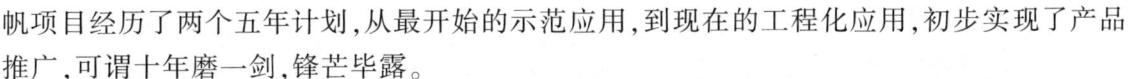

帆项目经历了两个五年计划,从最开始的示范应用,到现在的工程化应用,初步实现了产品推广,可谓十年磨一剑,锋芒毕露。

(一)典型做法和经验

CCS作为船舶安全的风险管理者,针对世界首次风帆VLCC没有实际案例可依循的情况,必须从风险评估理论出发,梳理各种风险点,并制定相应的技术方案;同时,CCS集合了业内的专家,积极参与出谋划策。

1.风险评估

风帆装置的风险点主要集中在总体影响和风帆装置自身安全两方面。

(1)总体影响方面

参照综合安全评估指南(FSA)的方法,CCS召集有丰富经验的船舶设计、合规性验证、船舶操作方面的专家,采用头脑风暴法,对大型油船应用风帆技术在硬件和设计方面的影响因素进行全面分析评估,从中找到风险点,并给出相应的验证方法或风险解决方法。

针对风帆装置对船舶的四大影响因素及其风险点,主要包含因风帆遮挡导致的设计风险,因风帆的风动力效应导致的设计风险、爆炸危险和结构失效等4种风险,开展了19项合规性评估和风险分析。

(2)风帆装置自身安全方面

采用失效模式与影响分析(Failure Mode and Effects Analysis,FMEA)法,对风帆装置的硬件进行故障模式分析,从而对系统的设计进行改进或对系统的操作提出程序或限制要求,保证硬件能够满足风帆装置安全运行的要求。

对风帆项目开展了FMEA,共辨识了不同工况下的机械系统、结构系统、液压系统和电气控制系统中的潜在失效模式达210多项,分析了失效模式的产生原因,以及对局部或全局的影响,并提出了改正措施等。

2.技术实现

根据风险评估结果,根据不同的风险等级制定相应的控制策略。

(1)总体影响方面

基于风险评估结果给出风险控制的解决方案,保证实船在安全性方面至少达到与现有规范、法规相当的水平。

(2)风帆装置自身安全方面

示范应用阶段,通过综合分析现有的技术标准、规范、指南,借鉴风电叶片、飞机机翼等成熟技术,对技术标准不断循环迭代,直至《船用硬质翼面帆评估与检验指南》的产生。

工程化应用阶段,针对示范应用阶段出现的问题进行了进一步优化,同时碳纤维复合材料也首次应用于风帆帆面,CCS在充分研究和调研航空、风电、船舶等相关领域的基础上,结合材料性能试验、结构节点试验,构建了科学的安全衡准。

3.案例船特点

(1)示范应用船

"凯力"轮于2018年11月13日顺利交付,作为世界上首艘安装风帆的VLCC,成为世界级网红船,经过5年多运营,节约燃油消耗4%~5%,有效地减少了碳排放。

图 1 "凯力"轮

（2）系统工程化应用船

"新伊敦"轮于 2022 年 9 月 24 日顺利交付使用,半年多的营运数据表明其以经济航速营运中东—远东航线,风帆装置的使用预计将实现年平均节约燃油消耗超过 9%,减少约 2 700 t 碳排放。

图 2 "新伊敦"轮

（3）主要参数对比情况

表1　案例船的主要参数

	"凯力"轮	"新伊敦"轮
风帆梳理	1对/2个	1对/4个
帆面结构	不锈钢蒙皮/金属骨架	碳纤维复合材料
旋转系统	液压马达	电动马达
维保/检验通道	无	有
液压站	独立液压站	集成甲板机械液压站
使用率	仅升帆可助推	升/降帆均可助推
节能效果	4%～5%	≥9%

（4）维保/检验通道对比

"凯力"轮由于没有设置维保/检验通道，只能采用无人机、蜘蛛人辅助检验，平时维保难度很大。而"新伊敦"轮则有效地解决了这一难题，大幅度提高了产品的设计寿命和安全性。

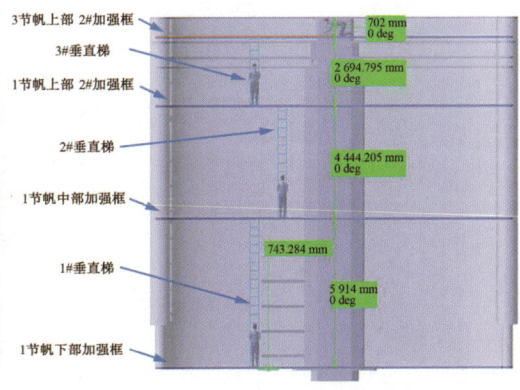

A "凯力"轮蜘蛛人辅助　　　　　　　　　B "新伊敦"轮通道示意图

图3　通道对比图示

（二）案例创新点

CCS作为船舶安全的风险管理者，针对世界首次风帆VLCC，基于风险评估理论，对与实船项目安全性相关且现有规范和法规体系尚未覆盖的问题进行系统性风险评估，能够基于风险评估结果给出风险控制的解决方案；CCS攻克了大型翼型硬质升力帆在VLCC油船上的各种技术难题，并实现了复合材料在风帆上的首次应用，做出了技术安全可靠、节能效果明显的卓越成绩。

（三）应用效果及借鉴意义

《船用硬质翼面帆评估与检验指南》是我国首部翼面型硬质帆风帆助推装置的安全性技术标准和船级社指南，填补了该类型风帆安装上船的技术空白；同时，复合材料在风帆上的首次成功应用，为风帆的轻量化奠定了基础。风帆技术的应用推广具有里程碑式意义，为世界节能减排贡献了 CCS 的力量。

二、面临的问题及其解决的措施

如今,作为清洁能源的风能逐步进入航运业,同时新设备使用将会给航运中心和物流中心带来新挑战,建议针对如引航、进出港等方面提供更有利的政策支持,创造良好的航运氛围。

大连集运蓝链数字化物流管理平台

潘 军 大连中远海运集装箱运输有限公司

摘 要： 在传统物流面临时效性差、标准缺失、耗时费力等问题，以及严重缺乏数字化和集成化的背景下，大连集运牵头开发了数字化物流管理平台项目，弥补了生产行业在物流方面的短板，通过数字化平台模式为集运运营赋能。然而，目前东北航运物流仍存在法律法规不完善、效率低下、缺乏数字化变革所需的综合型人才等问题。因此，市政府需依托大连港口型国家物流枢纽通道建设项目，提供专项财政补贴支持，强化航运物流数字化高端人才培养等措施，以助力大连"双中心"建设。

关键词： 大连集运；蓝链平台；智慧航运物流

大连中远海运集装箱运输有限公司（以下简称"大连集运"）在端到端供应链平台建设中，按照上级单位中远海控、中远海运集运的统一部署，依托数字化技术，整合集装箱供应链全程运输资源，在对外为客户提升服务精度和效率，对内提升自身工作效能的同时，实现集装箱运输服务价值的跃迁。

2014年，大连集运到国内某标杆粮食加工企业 ZLSH 进行业务交流时，了解到该企业物流方式以集装箱运输为主，呈现端到端占比高、供应链链条长、涉及单位多、信息量大等特点。后续在拜访粮食贸易类、化工类、钢铁类、汽车类等行业内的大客户时，发现各生产型企业普遍存在在生产、销售方面进行信息化投入，而在物流方面采用传统手工方式，导致时效性差、标准缺失、耗时费力等问题，存在严重数字化集成化短板现象。

为此，大连集运决定牵头开发数字化物流管理平台项目，运用"大数据+供应链+区块链"的思维打造出蓝链平台，弥补生产行业物流方面的短板，解决行业痛点问题，树立行业标杆。在该平台项目建设中，大连集运始终坚持创新驱动理念，积极做强智慧航运物流，以多式联运为抓手，以资源整合（自营拖车平台、仓储平台、报关平台等）为纽带，与供应链上下游各方加强在数字化基础设施、重点场景智能化应用、供应链物流等领域展开深度合作，围绕做大做强"航运+港口+相关物流"全球供应链体系这一目标,加强港航协同,在助力大连高质量共建"一带一路"(中欧班列业务)、"六稳、六保"、服务辽宁省自由贸易试验区提升战略中发挥央企领军标杆作用。这一措施旨在赋能东北地区加快融入国际国内双循环新发展格局,打造高效便捷、海陆双向辐射的东北亚陆海大通道,助推东北全面融入双循环新发展格局。未来,通过平台打造国际(内)多式联运经营人角色,创新"一单制"产品,助力大连东北亚国际航运中心、国际物流中心的建设。

图1　中欧班列"大连—莫斯科"

一、典型经验总结

(一)典型做法和经验

蓝链数字化物流管理平台现有功能满足了客户全产业链物流信息管理需要,包括:

一是客户内部物流管理功能,包括:(1)实现与客户 ERP、SAP、WMS、一卡通系统、内部物流管理系统等核心系统对接功能;(2)客户销售订单管理和物流中心物流管理;(3)生产工厂物流管理。

二是集装箱运输方式物流管理功能,包括:(1)车队、铁路、港口及码头等客户供应商物流管理;(2)实现与船公司对接集装箱物流信息功能;(3)集装箱动态管理。

三是非集装箱运输方式物流管理功能,包括:散货船、油船等非集装箱管理。

四是非海运运输方式物流管理功能,如公路直运、铁路直运等非海运业务。

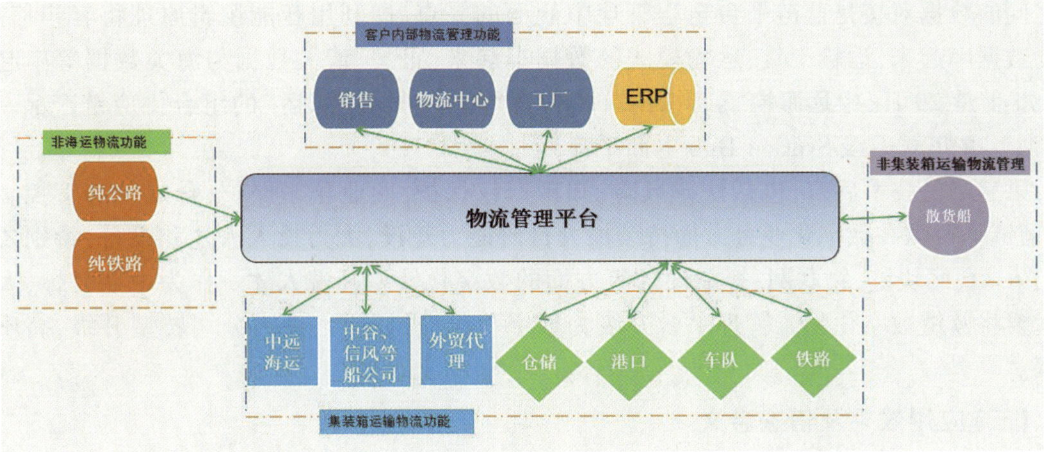

图2 蓝链平台功能

大连集运蓝链平台的成功上线,为后续在其他粮食深加工企业推广奠定了非常好的基础。早期蓝链平台应用覆盖范围包括:(1)ZLSH 7个工厂的物流业务;(2)DCYM 3个工厂,TCYM;(3)JXSH 3个工厂;(4)FFWJ 2个工厂;(5)LHDF 1个工厂;(6)JSHJT 3个工厂。

为了进一步扩大蓝链平台覆盖面,大连集运以中粮蓝链平台为蓝本,根据不同行业的物流特点,进行蓝链平台功能的完善和升级,将该平台同步推广到粮食贸易行业、钢铁行业、化工行业、汽车行业。

(二)案例创新点

数字化平台模式为集运运营赋能。目前,中远海运集运的数字化平台仍在加速研发,大连集运根据端到端数字化转型战略部署,针对上述蓝链数字化物流管理平台,对公司的数字化转型与供应链业务逐步升级。整个平台的建设将分三步走:第一步(已经实现),平台基本涵盖了全程供应链服务的基本功能和全要素配置,为客户提供标准的操作流程,解决客户的物流痛点问题,提供私人定制的全程物流供应链解决方案。第二步(正在建设中),在国际、国内航运物流业务一体化数字化管理能力基础上,为双循环新格局下专业物流供应链服务,提供一体化专业平台支撑,通过AI、大数据、物联网、5G等技术加持,数字化平台从"业务支撑角色"升级为"科技引领角色"。第三步(未来构想),平台将通过打造产业生态圈,把上下游融合打造成一个多式联运的产业互联网平台,在此基础上实现数据共通共享的协同模式。总之,平台第二步、第三步建设需要在"多维度数字化建设,实现前端客户化、中端赋能化、后端平台化经营模式"理念下,稳步推进。

蓝链平台项目具体创新点(三层设计原理)如下:

第一层是客户层面,客户希望物流全程可视可控、可以对风险提前预警,还希望得到保姆式的一站式服务以及高性价比。为此,蓝链数字化平台要为客户建立全要素配置下数字化的多式联运服务平台(比如东北地区海铁多式联运通道标杆产品)。

第二层是业务中台,包含一体化多式联运业务、场站及增值服务、专业物流服务(仓储、报关、拖车、检验等),均用数字化技术实现业务的在线化和数字化。通过系统打通各个业务之间的数据对接是蓝链平台全程管理中靓丽的一点,即利用智能逻辑原理将客户信息、货物数据串起来,运输工具、运输模式的数据串起来,报关、清关数据与海关数据等串起来(比如:1月29日,中远海控重磅推出首个包含"拖车、报关、海运"的组合供应链产品——"泰鸿",并正式上线SynCon Hub电商平台)。

第三层是技术后台,包括法律风险、知识产权保护、商业秘密保护、合规风险管控。未来,蓝链平台需在数字化业务方面持续加大自研能力建设,大力投入人才和设备,特别要加大引入AI、区块链、物联网、智能硬件等方面的数字化转型高端人才。作为中期目标,大连集运要将蓝链数字化物流管理平台升级为数字化供应链平台,助力公司转型升级,高质量发展。

(三)应用效果及借鉴意义

1. 平台项目目前应用效果

(1)提升公司服务水平,增加与客户黏性

通过蓝链平台,公司不仅全面提高服务质量,促进与客户高层、中层还有一线深层次的合作,且能准确把握高层管理方向、中层统计痛点、一线操作堵点,进而形成三位一体的"数字+业务"营销模式;能打通公司与客户业务系统的接口,嵌入客户供应链体系。

(2)提高工作效率,降低生产成本

蓝链平台打通客户工厂、客户质检中心、铁路、港口、船公司等全程物流节点,实现全程动态可查询、可控制,产品可追溯。通过自动生成箱量报表、港存报表等统计报表功能和费用账单自动计算功能,蓝链平台可减少人为统计所产生的错误率高、统计效率低等问题。

(3)实现端到端全程物流可视化

蓝链平台为端到端全程物流链中各节点提供端口,不仅打通了与承运人中远海运集运DTS系统的接口,更实现了与客户核心生产系统、铁路代理、其他承运人船公司接口,确保客户从各节点同步获取货物及物流状态信息,取代传统的通过邮件、微信等方式传递信息,降低沟通成本,有效监控整个运输过程,将所有货物动态及时呈现给客户,帮助客户科学、全面地评价运输质量。

2. 借鉴意义

目前,中远海运集运的数字化建设工作已经进入"快车道",大连市政府在建设大连东北亚航运、物流大数据中心项目时,可以选择与中远海运集运合作,依托中远海运集运区块链(GSBN)技术平台,发挥区块链、物联网等技术的对接与协同作用,努力为客户提供更为集约化、低碳化的全球数字化供应链服务。

作为大连中欧班列平台经营人,大连集运依托上述蓝链平台,未来在平台第二步、第三步建设中,将通过单证格式、多式联运经营人、单证签发、信息传递等规范标准建立、流程执行以及智慧物流、GSBN等新技术的应用,推动整合货主、贸易商、金融机构、保险等产业链上下游各环节,打造多式联运"一单制"(IQAX eBL,电子提单十六个一)创新产品落地并不断完善。

二、面临的问题及措施建议

(一)当前面临的问题

1. 我国多式联运"一单制"要通过政府引导和产业实践来推动相关法律法规完善。在通道(东北陆海大通道)建设中先行先试,开展产业探索,就是为制定标准提供依据。对于多式联运提单而言,物权属性在促进国际贸易发展和缓解企业资金压力方面有重要作用,但并非硬性条款,因此无法实现对货物的留置权、不能导入开立信用证实现大额交易的金融方式等。这些问题长期无法得到解决,不仅制约了中欧班列持续增加,还制约了海铁多式联运健康发展,不利于贸易便利化的推进。

2. 大力发展多式联运物流模式已经成为产业链、供应链提质增效的重要抓手。而目前在后疫情的大背景下,效率已经成为集装箱运输的第一生产力,必须清醒地意识到大连港口物流、通关效率不高已经使大连本港的进出口集装箱货物出现了较大的分流。

3. 缺少数字化建设业务岗位所需的综合型人才。综合型人才的缺乏,已经成为制约东北航运物流行业高质量发展的关键因素。目前与数字化转型相关的复合型人才极度紧缺,劳动层次分布不均,无法满足日益增长的人才需求。

(二)针对以上问题的建议措施

1. 建议依托大连港口型国家物流枢纽通道建设项目、东北陆海大通道建设,由大学方(大连海事大学等)、产业方(中远海运集运、铁路、银行、保险公司等)和政府方相关机构(海关、法院、银保监会等)共同参与,通过单证格式、多式联运经营人、单证签发、信息传递等规范标准建立、流程执行,智慧物流、GSBN等新技术的应用,推动整合货主、贸易商、金融机构、保险等产业链上下游各环节,在大连多式联运物流通道运营中开展试点应用,最终形成"一单制"大连国家标准。

2. 建议政府对像大连集运这样的本地头部集装箱航运物流企业,给予专项财政补贴支持,围绕大连作为集装箱港口物流业务枢纽,鼓励打造"班列+班轮""拖车+班轮"海公铁多式联运通道产品,有效落地"拓航线、稳货源、扩增量"战略,推动大连市集装箱航运枢纽港地位建设的健康发展。

3. 加强航运物流数字化高端人才培养,健全引人、用人机制。建议政府给予引进的高层次人才优厚的落户、奖励等政策,激励他们发挥更大作用,并解决他们的后顾之忧;通过联合培养、委托培养等多种方式,培养实用型技术、法律、管理复合型人才。

门到门仓配一体化

徐　峰　北京门到门供应链信息技术有限公司

摘　要： 门到门以快消品仓配一体为切入点，通过数字化的运营思维和智能化的工具，提供一站式综合解决方案，达到降本增效和提质增效的目的。门到门仓配通过整合资源，打造线上线下全渠道的城市仓配一体化体系，为客户提供短链及柔性的仓配服务，并通过实现仓储物流服务数字化，从而实现模式创新。未来，门到门仓配将不断地完善智能系统的功能及提升数字化运营能力，深耕大连市场，为客户提供更优质的服务。

关键词： 门到门仓配；快消品；物流服务数字化

门到门仓配是一家专注于快消品行业，以数据驱动的智能仓配一体化服务商，主要服务快消品品牌商和经销商，为客户提供线上线下全渠道城市仓配一体化服务。以城市为中心的"共享仓储+共同配送"模式，结合大数据和算法，能帮助快消品客户解决订单高频且分散、配送难度大、仓储和配送管理复杂化的困难，并且通过共享的资源赋能客户扩展渠道、优化库存、提高履约质量及降低履约成本。通过供应链末端的城市仓配服务切入，在供应链履约端形成规模化，结合流通大数据和算法切入到商贸流通交易中，高效链接品牌商、经销商和终端便利店，形成以数据驱动的智能综合供应链平台，帮助客户提高供应链效率、降低供应链成本并提高供应链预测能力。目前，门到门仓配专注于成为为客户提供全方位的仓储、配送、B2B、B2C、O2O、区域分拨、金融、增值服务等服务于"最后一公里"的城市配送现代化企业。

一、市场规模及客户痛点

2023年全国快消品市场规模约为15.55亿元，行业带动的城市仓配一体市场规模不断增长,在这个庞大的市场里,需要以"互联网技术+工业机器人"的优势为核心,用产业互联网的思维来开拓。快消品市场正经历着巨大变化,主要表现在消费者新需求、数字化转型升级、全场景全渠道销售和供应链金融需求。市场的巨变给供应链带来巨大挑战,包括品牌和 SKU 增多且生命周期变短、订单高频化和碎片化、预测变得更难、配送成本上涨、仓储和配送管理复杂化等问题。为提高供应链运营效率和降低供应链成本,快消品品牌和经销商不再只是需要车和货匹配,而是需要从仓储到终端完整的解决方案,这也孕育了仓配一体化业务巨大的市场空间。门到门以快消品仓配一体为切入,针对快消品行业的品牌商、经销商、零售终端的痛点和需求,提供一站式综合解决方案。

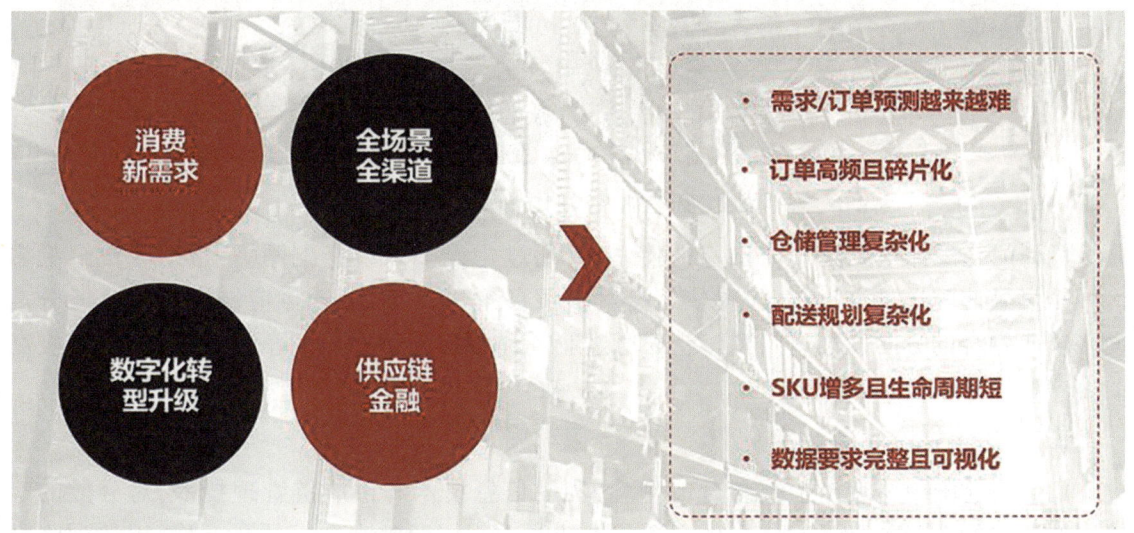

图 1 快消品市场变化及带来的挑战

门到门仓配目前在大连服务超过 30 家快消品商贸流通企业,配送覆盖全大连(南到旅顺、北到庄河)的 2 万多家超市、便利店、餐饮等终端店,为客户解决了后端仓储配送收款等问题,并助力客户提升整体销量。

二、商业模式

(一)模式创新:整合资源,短链及柔性的仓配服务

区别于传统仓储和物流企业的业务模式,为解决快消品行业中品牌商和经销商的痛点,门到门仓配打造线上线下全渠道的城市仓配一体化体系,通过为客户提供"90%标准化的仓配服务+10%个性化的服务"的服务产品,帮助客户在区域内拓展销售渠道、提高履约效率和质量、降低履约成本,结合数据和算法,帮助客户提高库存周转率及降低库存成本。

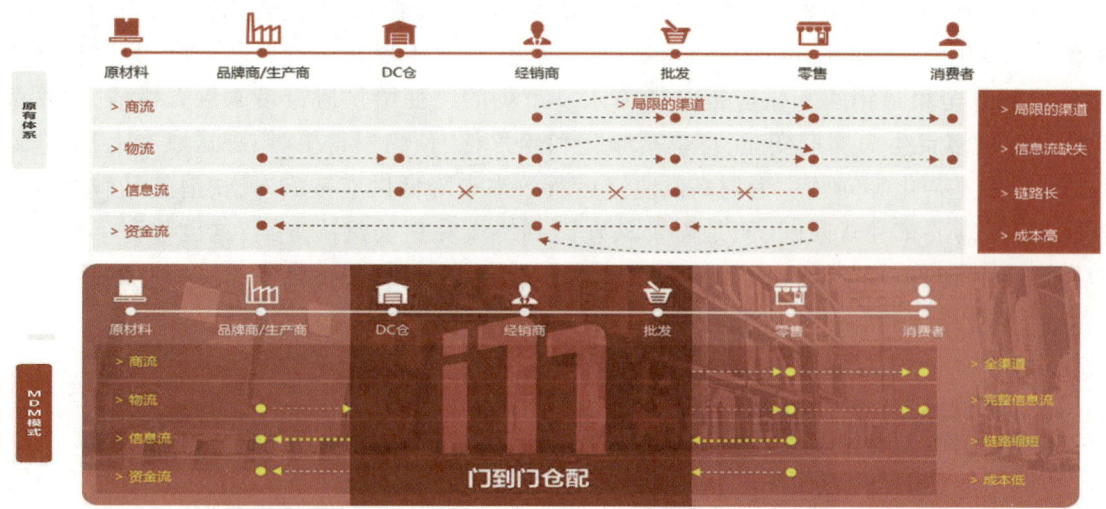

图 2 原有体系和 MDM 模式的对比

门到门仓配深入到客户的供应链体系中,通过建设多区域仓配网络,帮助客户解决多区域全场景的配送难点,为客户提供综合物流服务解决方案,驱动供应链由传统分段分离向一体化融合的方向发展。门到门仓配通过业务和数据支持客户的全面发展,形成了极高的客户黏性。

（二）仓储物流服务数字化

门到门仓配一体突出系统整合的理念,利用信息技术和供应链管理技术,对分散的运输、储存、装卸、搬运、配送和信息处理等基本功能进行资源整合和一体化运作,以达到降低成本、提高效率、优化服务的目的,推动融合运输业、仓储业、货代业和信息业的复合型产业,成为合理配置资源、增强竞争能力的基础性支撑产业和拉动经销商业务经济增长的产业。有效管理、成本控制、提高效率和优化服务对于数字化管理手段的依赖性很强。

实现数字化管理可使门到门仓配具有整体设计、数据远程传输、行业管理的特点,应用系统支持多种业务模式和商业核算,核心业务系统包括财务管理、仓储管理、配送管理、销售量管理、客户资信管理、价格管理等。利用数字化技术推动了创新和发展,实现了门到门仓配的长期、可持续发展。

过去 4 年门到门仓配自研整套智能仓配一体化系统,系统包含 OMS(订单系统)、WMS(仓储管理系统)、TMS(配送管理系统)、BMS(计费系统)、WCS(自动化控制系统)及大数据系统。

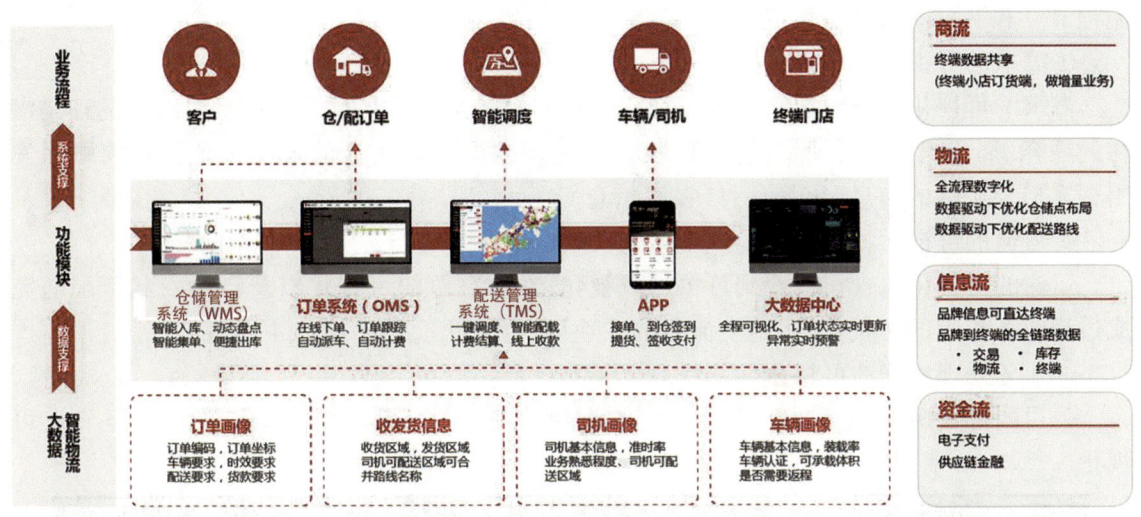

图3 仓配一体化系统

通过数字化的运营思维和智能化的工具,门到门仓配可以更高效地为客户提供高质量的服务,达到降本增效和提质增效的目的。门到门仓配对客户的服务质量主要体现在时效、准确率、财务成本核算和效益折算、经销商等几个方面。

1. 时效

时效主要指订单从库房到终端店铺的整体时间,包含在途运输时间、装卸时间、理货下架出库时间、配送时间和不可抗拒因素导致的压单时间,以及库存静止的时间和库存周转时间等。每个时间都产生不同的信息,通过数字化把各种信息集成处理,过滤掉无效信息,提高整体运作效率。门到门仓配目前可以为客户提供当日达、次日达、隔日达等多种时效标准。

2. 准确率

准确率反映了各环节操作是否顺畅,第一类是操作类指标库存准确率、出入库差错率、配送准确率等;第二类是通过准确率反映出的服务水平,比如客户投诉率、综合服务满意度等;第三类是通过动态数字化,可以衡量并优化整个业务过程,即收集和分析客户的反馈,并结合市场的发展趋势,以满足客户的需求,另外可利用数字化技术,创新和改进服务,从而获得更大的竞争优势。门到门仓配目前的整体错误率控制在万分之二以内,远超出客户的标准和预期。

3. 财务成本核算和效益核算

通过数字化、可视化的展现,可以直观地了解整个物流过程中的成本结构,深入分析物流成本构成,还可以有效地降低不合理成本,提高整条供应链的效益。

4. 经销商方面

此方面包括商品市场分析、辅助业务巡店和业绩考核。通过数字化可以分析管理数据,精准把握客户的运营情况,提高市场份额。

实现上述数字化管理,可视化、规范化、智能化是主要关键点。可视化方面主要涉及需求的可视化、运输的可视化、业务处理流程的可视化、指标可视化这几个方面,使整个业务流程节点和客户需求节点可追溯。

①需求的可视化

需求的可视化包含顾客需求的可视化和顾客对信息的可视化。不论是对现有的还是潜在的顾客,都应积极倾听他们的声音,把握其需求。顾客对信息的可视化是经常向顾客发出顾客想要了解的信息(市场信息、在库信息)。

②运输的可视化

运输的可视化包含司机看到订单的可视化、在途订单的可视化以及订单发起至配送完成过程业务流程的可视化,实施全流程的在途可视化。

③业务处理流程的可视化

公司内部业务办理节点的可视化,如到货交货单、出库订单、交款单等流程节点可视化。

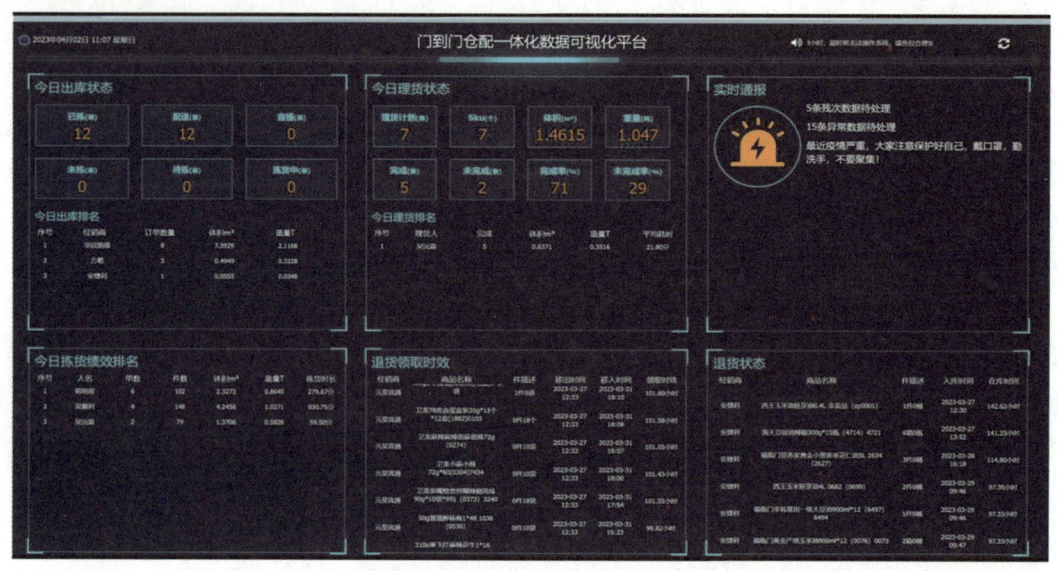

图4 门到门仓配一体化数据可视化平台—业务处理流程可视化

④指标可视化

通过及时展现各个业务环节整体运行指标,全面了解各个环节的总体运行概况。对于级别而言,关注各环节的运营、服务、效率、安全、投诉及满意度等关键指标的横向对比及成本指标统计对比分析等。

人为推动业务进展使得在业务流程处理过程中,不规范性操作、不合规性操作的发生难以避免。因此通过对业务流程的标准化及规范化要求,可以使得业务操作更加透明、合理、合法、合规,同时也为数字化管理提供重要依据。

规范化主要为在库商品库位、库存、理货和拣货规范化操作,以及配送、运输和调配标准的业务流程规范化。智能化主要包含潜在需求的预测分析、运输线路的最优匹配、零单整装的最优搭配、卸货厂家的最优排序4个方面。

三、总结

综上所述,快消品供应链行业中存在诸多痛点,在整个行业转型过程中产生了大量的新需求,原有的仓储和物流服务商由于原有业务能力单一、服务意识薄弱和数字化能力弱等原因,无法很好地满足客户的新需求。门到门仓配通过新的商业模式和较强的数字化运营能力,为客户提供了一体化供应链服务,有效地满足了客户的需求,并且通过灵活的仓储和配送服务,赋能客户提升自身的市场竞争力,提高客户的销售能力。未来门到门仓配将不断优化智能系统的功能及提升数字化运营能力,深耕大连市场,为客户提供更优质的服务。

智能指泊系统

郝媛媛　遨海科技有限公司

摘　要： 智能指泊系统以人工智能技术赋能码头操作为核心理念，实现了计划时间由"小时"向"分钟"的压缩，提高了船舶周转效率、码头使用率和航道利用率，在打破人工泊位计划先到先靠的唯一准则、通过港口数据挖掘替代人工经验、增加计划目标配置功能等方面实现了创新。但目前该系统仍存在着数据的准确性难以保证、更新不具有及时性等问题，理应从船舶 AIS 信息入手进行改进，从而促进港口高效运转。

关键词： 智能指泊系统；人工智能技术；船舶 AIS 信息

大连港作为多式联运综合运输枢纽，承担东北地区 96% 以上的外贸集装箱运输任务，合理利用港口资源是激发港口发展潜力、提高港口服务水平的有效手段之一。智能指泊系统聚焦于泊位计划阶段，使用人工智能技术赋能，生成符合港口当前状态且满足业务需求的泊位计划方案，实现了计划时间由"小时"向"分钟"的压缩，计划效率大大提高的同时也增强了泊位计划的可执行性，准确地在港时长预测保证了船舶按计划靠泊，减少了计划执行过程中频繁的调整工作，减轻了工作人员压力，使其能投入更高层次的研判之中。智能指泊系统试运行以来，大连港集装箱码头泊位计划效率提升 97.5%，有效地减少了船舶等待时间，支撑港口航运企业提升服务水平。

一、典型经验总结

（一）典型做法和经验

智能指泊系统以人工智能技术赋能码头操作为核心理念，学习人工操作的经验和思路,考虑船舶可停靠米位范围、吃水限制、保证船舶安全间距、港口可用设备限制等因素,运用优化算法自动生成泊位计划方案,指导码头生产。其中,准确的岸桥作业效率和船舶作业时长预测两项泊位计划关键数据,可借助神经网络这一仿生技术分析港口历史作业数据获得,使得泊位计划更具可执行性。系统提供模拟人工指泊流程的专家方案和使用智能优化算法的智能方案、图形化展现计划方案和达成度评价,供用户按需选择。

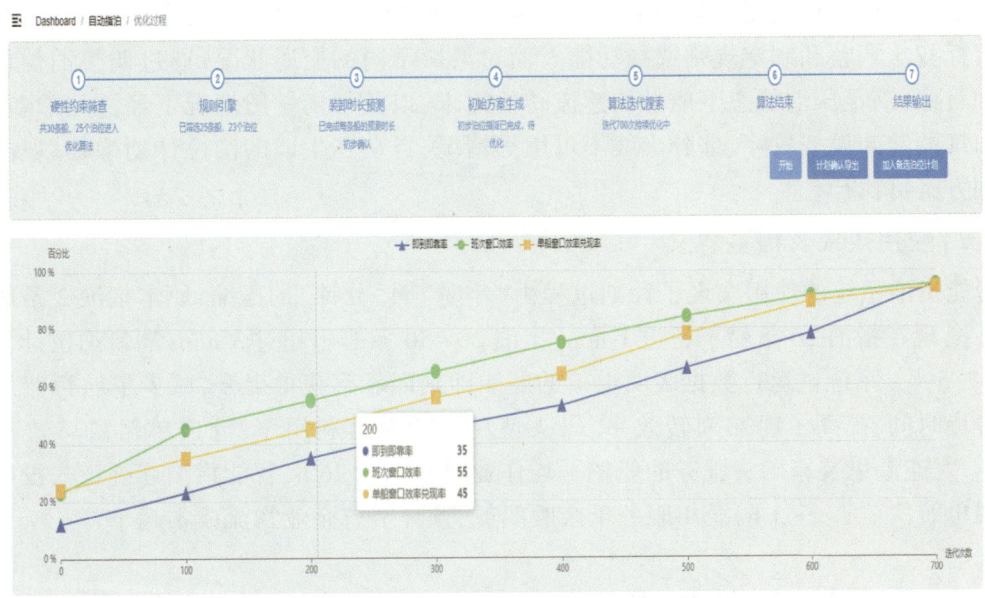

图1 智能指泊系统优化过程可视化展示

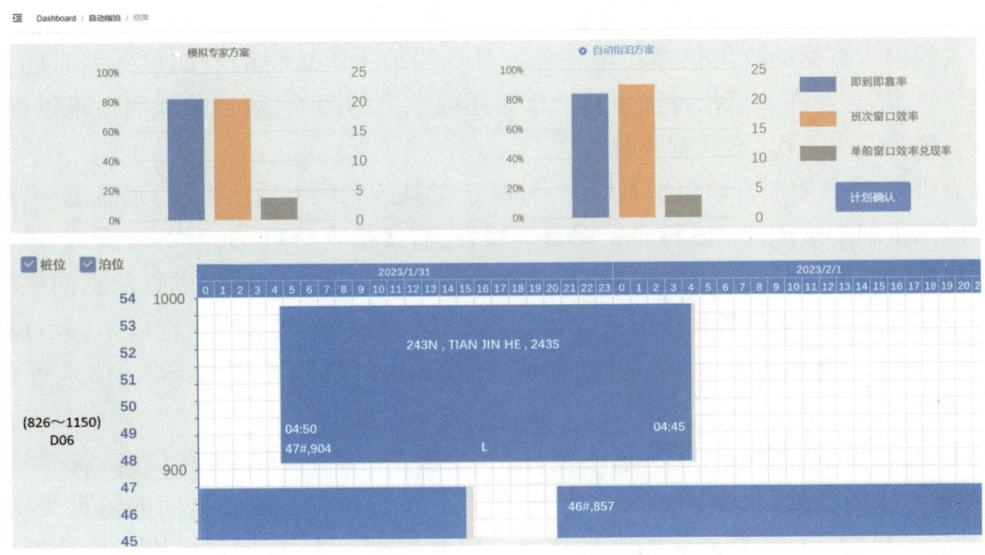

图2 智能指泊系统计划方案展示

(二)案例创新点

1.打破人工泊位计划先到先靠的唯一准则:借助智能计算高效、便捷的优势,在制定智能泊位计划方案时考虑因素更全面,增加对班次窗口效率和单船窗口效率的考量,综合经济和效益两个纬度。

2. 港口数据挖掘替代人工经验：通过挖掘历史作业数据的隐藏信息，建立岸桥作业效率和船舶作业时长与船舶类型、箱量、所用设备等属性的关联关系，更准确地预测出预到港船舶本次作业将会花费的时间，较以传统的装卸效率或生产作业效率标准预测更加准确，减少了计划执行过程中反复调整的频次。

3. 增加计划目标配置功能：相较于市场上其他的泊位计划工具，智能指泊系统增加了优化目标权重调整和制定规则选择功能。面对港口不同的交通状况，通过调整泊位计划的规则和目标，满足压港状态下船舶快速流转的需求，以及权衡一般情况下经济与效益；面对可能出现的装卸设备故障、部分岸线不可用等情况，自动在生成的泊位计划中加以规避，保证计划方案可执行。

（三）应用效果及借鉴意义

智能指泊系统的使用实现了计划过程由"小时"向"分钟"的压缩，原本指泊 2 条船需要至少 2 h，现在指泊 20 条船不超过 1 min、指泊 20~50 条船不超过 3 min，港口泊位计划效率提升 97.5%。系统试运行数据表明港口的船舶即到即靠率获得提升，减少了航行船舶在锚地的等待时间，提高了船舶周转效率、码头使用率和航道利用率；港口单船窗口效率提高 12.3%，大连港集装箱码头服务的船舶平均作业时长约为 26 h，智能指泊系统正式投产后预计单船单航次节省 2~3 h，全年服务千余艘船舶，预计节省企业物流成本超千万。

二、面临的问题及措施建议

智能指泊系统的使用让泊位计划过程变得既高效又便捷，但是准确的船舶预计到港时间这一关键输入数据的收集仍存在不完善之处。当前系统获得的船舶预到港时间为船公司预报信息，不乏存在为了抢占优先靠泊权而超前预报的问题，数据的准确性难以保证，更新频率一般为一天一次，不具有及时性。

作为船舶 AIS（船舶自动识别系统，一种基于射频的无线电通信系统）信息之一，船舶预计到港时间由船上装配的 AIS 设备定时自动播发，直接接收船舶 AIS 信息是及时、准确地获得船舶当前状态的有效途径，因此建议采用在港内建设自有 AIS 基站进行信息的接收和解析或者采购 AIS 信息平台数据等方式获得。自 20 世纪 90 年代 AIS 出现以来，经过长足的发展，相关技术和手段已相对成熟，且在海事航保等领域已有成熟案例，技术可落地性极高。

除预到港时间外，船舶 AIS 信息还包括船长、船宽、船舶类型、所在位置、航行状态、目的港、船舶吃水等信息，获取 AIS 信息相当于直接建立起港口与船舶之间的信息交换渠道，实时跟踪船舶状态，自动获取船舶基础信息。同时，分析 AIS 数据还可用于统计反应港口服务效率的 AWT（船舶在港等待时间）和 AST（船舶在港服务时间）等指标，丰富港口数据库，促进港口高效运转，巩固大连港在东北亚区域范围内中心枢纽地位和影响力，带动整个东北亚地区和腹地协同发展。

智慧供应链物联网
仓配一体化区域配送中心解决方案

何 英 大连五佳国际贸易有限公司

摘 要: 智能仓配一体化管理系统集成了订单管理系统、仓储管理系统以及运输管理系统的核心功能,实现了数据分析、可视化管理、信息溯源以及智能管理。与传统模式相比,该系统进行统一仓配使得供应商投入成本降低,配送更便利、时效更快,资源整合率得到提高,从而占用更少的社会资源,实现了节能环保。未来,可以通过采取相关政府部门构建资源共享平台、重点行业扶持政策落实等措施进一步改进。

关键词: 智能仓配一体化管理;可视化;数据化

大连五佳国际贸易有限公司成立于 2000 年,企业注册资金为 8 000 万元人民币,现有员工 1 500 多人,企业自行购置冷藏货运车辆 230 台,自有智能常温、低温、冷冻库房超过 7 万 m²,代理蒙牛集团、明治乳业、君乐宝、北京红星二锅头等品牌产品,年销售额 7 亿多元,在大连地区已经形成全渠道直营模式,直配大连终端网点 1 万多家。该公司是集物流仓储、智能供应链管理服务平台,集市场的开拓、营销、服务为一体的综合性国际贸易有限公司。

2018 年,公司开展连锁便利店统一仓储配送业务,利用智能仓储配送一体化管理系统和先进的分拣设备,为大连 220 多家罗森便利店提供集代收货、仓储、分拣、配送于一体的标准化和信息化服务。

图1　大连五佳国际贸易有限公司

一、方案综述

智能仓配一体化管理系统(以下简称"系统")是集成了订单管理系统(OMS)、仓储管理系统(WMS)以及运输管理系统(TMS)的核心功能,通过标准API接口与客户的ERP系统实现实时链接信息同步,达到对商品库存和运输状况的数据化和可视化管理,同时配合电子分拣设备(DAS)提高分拣效率,降低差错率,正确率高达99.9%。系统结合仓库运营特点按现场操作流程定制开发,主要对分拣和配送环节进行优化,达到作业无纸化、现场管理可视化。

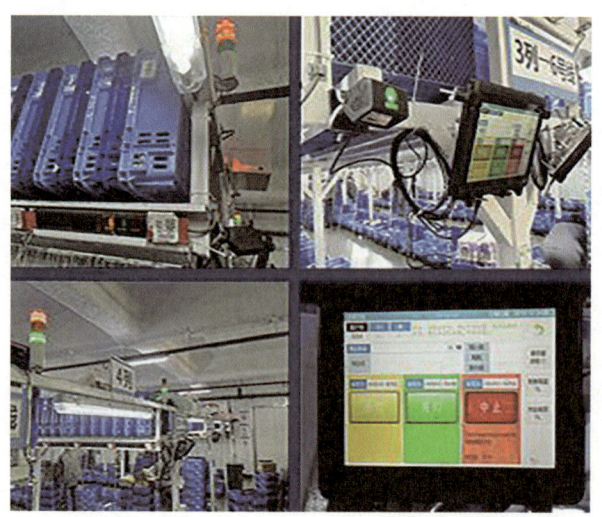

图2　智能仓配一体化管理系统

(一)数据分析

利用系统的数据库,为商户提供各类数据分析(如月出入库数量、产品周转天数等),让商户充分了解并利用各类数据,辅助经营决策、提升业务水平,做到数据洞察一目了然。

（二）可视化管理

现场工作人员和管理人员通过可视化报表显示屏,就可以了解当天作业量和现场工作进度,提前做好准备工作。

（三）信息溯源

配送车辆安装 GPS 定位系统和温度传感器,实时记录车辆运行状态、位置、车厢内温度、配送到达时间等,监控记录车辆和货物信息,实现商品从入库到出库的任何信息都可溯源。商品配送交接信息化,缩短了配送时间也节省了运输成本。

（四）智能管理

对仓库库位进行智能化管理,根据到货数量和体积大小,系统智能匹配大小库位放置。利用定制的周转装载拆零分拣商品,对出库频率高、包装易损的商品智能优化组合分拣位和装箱顺序,根据发货商品体积匹配装载箱,提高车辆装载率和仓库的作业效率,降低人工成本。

系统的运用加上先进的技术、设备和丰富的经验,将各类资源进行整合,搭建了一体化管理服务平台,实现了上下游产业链高效对接。冷链物流运输跟踪追溯、库存监控等先进技术,建立智能物流标准化仓配一体化管理平台,为客户提供了综合型一站式物流服务。

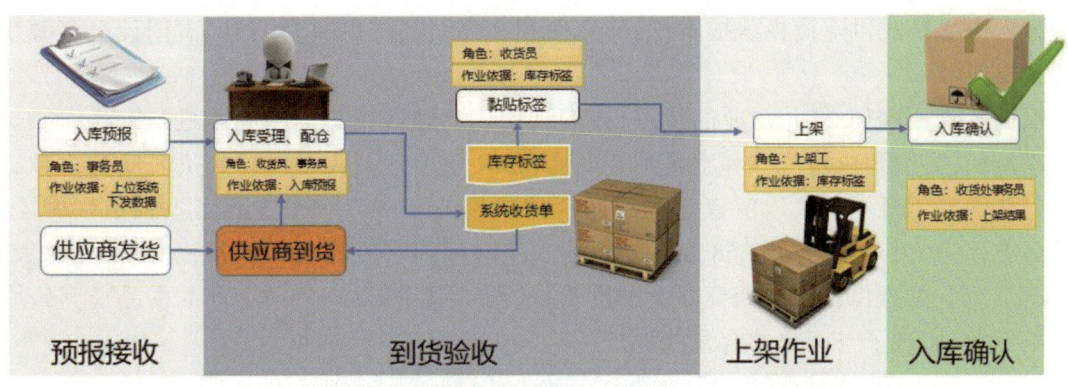

图3　入库作业流程图

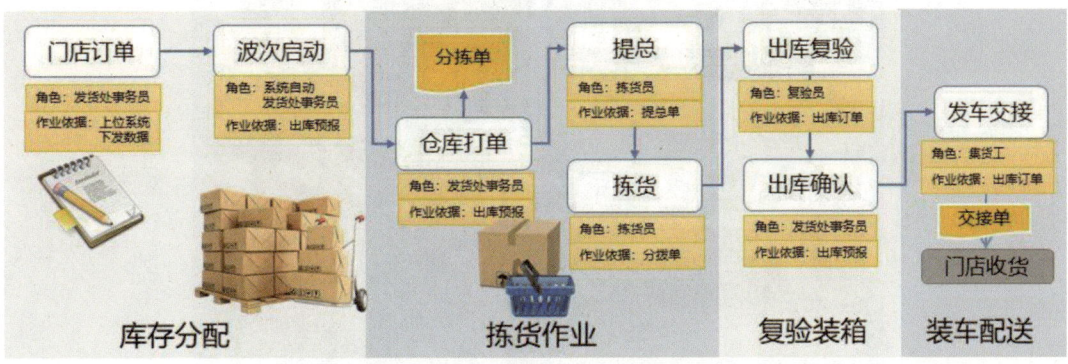

图4　出库作业流程图

二、方案应用

大连罗森现有 380 多家门店,遍布大连地区和丹东地区。门店距离最大跨度超过 300 km,拥有供应商 150 多家,商品 SKU 数达 4 000 左右。如采用传统方式由供应商自己建立仓库进行配送,平均每家供应商都需要专业配送车辆 2 台左右,占用仓储库房 300 m² 左右,需要工作人员 10 人左右。所有供应商需要配送车辆 300 辆左右,工作人员 1 500 人左右,占用仓储库房面积 45 000 m² 左右。因受门店数量和商品质保期约束,商品配送周期均为 4 天,采用统一仓储配送中心模式则大大地节省了人力和物力资源。

表 1　传统模式对比统一仓储配送中心模式

内容	传统模式	统一仓储配送中心模式	相关指标下降幅度
库房	45 000 m²	8 700 m²	约 5 倍
配送车辆	300 辆	20 辆	15 倍
工作人员	1 500 人	100 人	15 倍
配送时效	4 天	1 天	4 倍

通过两种仓配方式对比可以直观看出,传统模式供应商投入成本高,配送效率低;统一仓储配送中心模式供应商投入成本低,配送便利,时效快,资源整合率高,占用社会资源少,环保又节能。

根据罗森便利店 24 h 营业的特点,我们利用店面晚间销售的时间段进行配送,避开了交通高峰期,方便了店员清点和整理到货商品,最大限度地减少了门店收货时间和次数,节约了门店的人工成本。大连罗森仓储配送一体化模式为罗森在大连开店占领市场做了坚实的后方保障,由开始建仓的 68 家在短短的 3 年时间内发展到 380 多家,配送半径扩大到 300 km。统一配送保证了到店商品新鲜度及补、调货效率,提高了门店商品的品质,带动了商户的经营,实现了与商户的合作共赢。

图 5　罗森便利店商品配送中

三、改进建议

一是建议相关政府部门能够构建一个资源共享平台，让更多的企业加入这个平台，一方面促进跨区域、跨行业之间的交流与合作，实现信息互通，实现优质资源整合；另一方面加强区域企业之间的交流，有利于实现招商引资和打造良好的营商环境。

二是重点行业扶持政策落实，商贸物流作为传统的劳动密集型产业向智能化、标准化、信息化的高技术产业转型，需要企业本身和行业内付出更多的努力，因此需要政府给予一定的政策、资金、技术、资源方面的支持。

大连欣惠供应链物流有限公司
WMS 系统应用与仓储货架优化

刘宏慧　　大连欣惠供应链物流有限公司

摘　要：随着信息技术的普及，为提升仓库作业效率，WMS 系统围绕出入库、退库、调拨等核心业务而构建，该系统智能化和仓储货架的优化使用，可提升仓储管理效率，降低成本，优化服务质量，为客户创造更大的价值。该系统帮助仓库对货物的入库、存放、保管、发放、核查等多种复杂的管理工作程序进行技术性管理，极大地提升了仓储管理效率，节省了企业仓储成本。

关键词：WMS 系统；智能化仓储管理；流利式货架

大连欣惠供应链物流有限公司成立于 2003 年 11 月，是一家股份制公司，注册资本为 500 万元人民币，已经打造成集仓储、运输、装卸、冷链零担、信息化服务于一体的物流科技企业。其主要为零售供应商提供多渠道、跨区域的供应链服务。

公司仓储库房主要分布在北京和大连，该公司不断引进先进的物流系统，提供 B2B 平台订货服务，统仓统配，以使数据清晰透明。公司北京仓的设立，主要以冷链商品管理为主，普货为辅，为客户提供面向全国冷链产品发货的仓储基地大本营。大连仓位于大连营城子和三十里堡等地，涉及粮油、啤酒饮料、日用品等生活快消品及医药等行业，成为可以提供仓储、装卸、包装、KA 配送及干线运输的信息化供应链物流公司。

同时，公司以全新的物流方式和配套服务体系，拥有自主及挂靠车辆近百余台，年配送货值近 20 亿元。冷链干线自备 4.2 m 及 6.8 m 等各种车型的冷藏专用车，拥有大连至沈阳往返专线，温度可控，全程可视，为广大客户提供优质的不定时、不定量、门到门运输接取、送达一条龙服务。

一、WMS 系统

随着信息技术的普及,传统的仓储管理方式也面临向信息化、智能化、高效化、自动化、合理化的管理方式过渡,需要提高仓储管理的服务质量、降低成本、提高效率。

提升仓库作业效率方面,WMS 系统能够围绕出入库、退库、调拨等核心业务环节,帮助员工高效准确地完成日常的工作,消除不确定性因素,通过节省时间、减小库存、提高仓库利用率、提高生产力来提高仓库的效能。

WMS 系统在企业起到调控作用。WMS 系统使库存量经常保持在合理的水平上;掌握库存量动态,适时、适量提出订货,避免超储或缺货,减少库存空间占用,控制库存资金占用。

WMS 系统可以帮助仓库对货物的入库、存放、保管、发放、核查等多种复杂的管理工作程序进行技术性管理,极大地提升了仓储管理效率,实现了智能化仓储管理,节省了企业仓储成本。

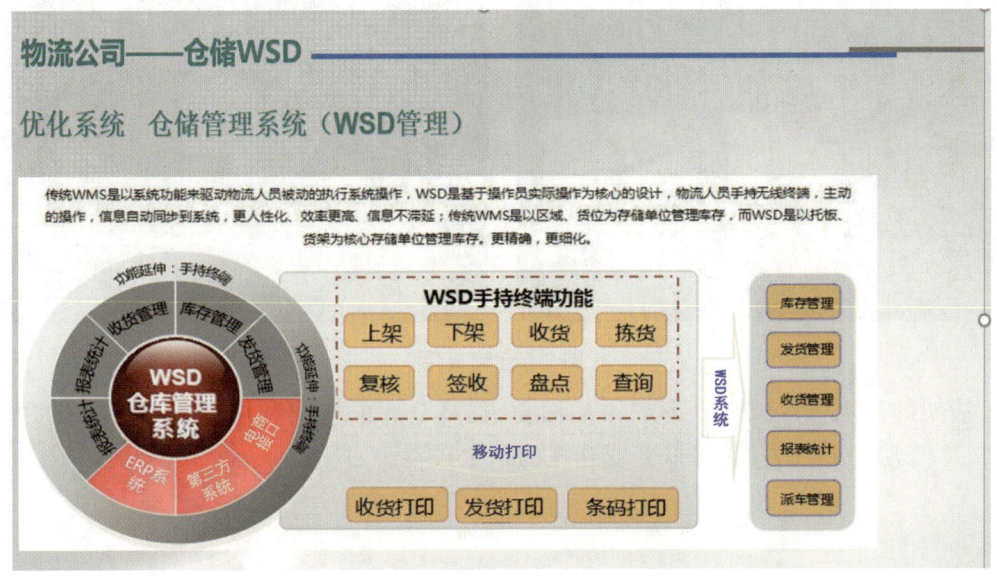

图 1　仓储管理系统(WSD 管理)

二、仓储货架

1.流利式货架可以利用货架上货物自身的重量使货物自动地从通道的一端移动到另一端,从而实现货物的先进先出。此方式存储非常方便,而且货物的补给也很简单,能够高效率利用仓库空间。

2.货架的使用可以使货物有序放置,将产品整齐、美观地摆放在货架上,可配合使用叉车,降低了员工的劳动强度,为企业节省了人力资源成本,提高了工作效率。

图 2　仓储货架

3. 货架的使用可以减少仓库的占地面积,提高仓库的空间利用率。如阁楼式货架,可以增加二、三层的储物空间,降低企业仓库的租金成本。

2019—2023 年大连有关"国际航运中心"和"国际物流中心"建设出台的相关政策文件

2019 年

《大连市推进东北亚国际航运中心建设条例》

第一章　总则

第一条　为了贯彻实施建设大连东北亚国际航运中心的国家战略,对接"丝绸之路经济带"和"21 世纪海上丝绸之路"(以下简称"一带一路")建设,形成与中国(辽宁)自由贸易试验区大连片区建设的联动机制,营造具有国际竞争力的航运发展环境,根据有关法律、法规,结合本市实际,制定本条例。

第二条　本市推进大连东北亚国际航运中心建设工作,适用本条例。

第三条　本市按照国家战略部署和省统一规划,以推进大连国际海运枢纽和航空枢纽建设为重点,立足东北,辐射全国,服务东北亚,联通全球,建成航运要素高度集聚、航运服务功能完善、现代物流服务高效、口岸服务便捷、航运市场发达、航运营商环境优良、亚太对流枢纽作用突出,智慧型低碳化特色明显,具有全球航运资源配置能力,与国家战略和经济发展相适应的国际航运中心。

第四条　市人民政府应当加强对推进大连东北亚国际航运中心建设工作的领导。本市设立大连东北亚国际航运中心建设议事协调机构,负责协调推进大连东北亚国际航运中心建设的有关工作。议事协调机构办公室设在市交通运输主管部门,负责有关日常工作。区(市)县人民政府、市人民政府派出机构、市人民政府相关部门和有关单位应当加强协作配合、细化分工、明确任务,落实推进大连东北亚国际航运中心建设的各项工作。

第五条 本市建立与国家有关部门、相关省市的沟通协调机制,开展跨区域合作。推动与"一带一路"沿线国家和地区及世界其他重要港口和地区在国际航运领域的交流与合作。鼓励航运企业、组织及相关行业协会通过航运商贸推介、国际性航运论坛等形式开展国际交流合作。

第六条 航运相关行业协会应当加强行业自律和行业诚信建设,规范行业秩序,维护行业和会员的合法权益,增进与国内外相关协会之间的交流合作,促进航运市场公平竞争和有序发展。

第二章 规划和基础设施建设

第七条 市人民政府应当根据国家部署和大连东北亚国际航运中心建设总体目标,编制大连东北亚国际航运中心建设规划,并组织实施。大连东北亚国际航运中心建设规划应当明确推进建设的总体部署、分阶段目标以及具体的工作措施和责任部门。

第八条 大连东北亚国际航运中心建设规划应当与国土空间规划相衔接,保障大连东北亚国际航运中心建设土地、海域、岸线需求,并为临港、临空经济区及航运服务集聚区、物流园区等产业园区建设,合理预留土地和海域。

第九条 市人民政府应当规划构建布局合理、功能互补的航运服务产业集聚区,制定政策措施,吸引相关行业主体和功能性机构向本市集聚。航运服务产业集聚区所在地人民政府及其有关部门应当根据区域特色和市场需求,制定促进港口物流、航运金融、航运保险、国际船舶运输、国际船舶管理、国际船舶代理、无船承运业务、国际货运代理、海事法律服务、国际航运经纪和国际船员服务等航运服务业发展配套政策和推进措施。

第十条 市交通运输主管部门应当会同相关部门,科学统筹岸线、码头、航道和锚地等各项资源,调整优化港口布局,完善航道、锚地等公共基础设施建设。鼓励和支持建设智能化、自动化码头。

第十一条 本市应当加强机场基础设施建设,增加机场设施容量,提升机场功能品质,满足航空运量增长的需要。

第三章 航运服务体系建设

第十二条 港口经营人应当采取措施,统筹协调港口资源,为航运相关企业提供港口服务,拓展贸易、金融和咨询等现代港口服务功能。本市支持港口经营人构建国际化产业布局和港航服务网络。

第十三条 本市鼓励航运企业开辟远洋干线和"一带一路"沿线国家和地区航线,建设国际中转、环渤海内支线及内贸南北航线服务体系。

第十四条 市人民政府应当编制大连市邮轮产业发展规划,推进大连中国邮轮旅游发展试验区建设。推动大连始发的多港挂靠邮轮航线的开发。吸引邮轮公司开辟挂靠大连港的航线,推进大连邮轮访问港建设。支持拓展邮轮产业链,引导邮轮旅游规范发展。

第十五条 本市应当逐步提高大连空港国内外航线覆盖率和航班密度,提升直航比例,发展区域支线市场,强化联程中转运输服务能力。

第十六条　市邮政管理部门应当会同相关部门采取措施,促进邮政和快递集疏中心建设,建设在东北亚有影响力的空港国际邮件互换局。

第十七条　市人民政府应当构建以海铁联运、空铁联运为核心,海地、空地等为补充,覆盖东北、连接亚欧市场的多式联运网络体系。加强陆上物流大通道建设,推动中欧班列发展,培育多式联运经营主体,支持冷藏集装箱、商品汽车和散改集等多式联运业务发展。

第十八条　本市应当统筹优化临港产业布局,构建现代化临港产业体系。支持、引导船舶修造、海洋工程装备、石油化工等临港产业发展。

第十九条　本市应当整合现有港航关联信息平台,构建大连综合交通公共信息平台,建立本市信息平台之间、东北亚地区之间、"一带一路"沿线国家和地区之间以及世界重要港口城市之间的航运公共信息交流共享机制。

第二十条　本市支持航运业市场主体围绕产业发展和升级需求,提高航运资源利用质量和效益,向专业化和价值链高端延伸发展。鼓励航运业市场主体整合航运资源、开展境外投资和跨国经营。

第二十一条　本市鼓励和支持国内外船公司、航空公司和行业联盟在本市设立总部或者区域总部、营运中心、采购中心、资金结算中心等,开展港航及航空关联业务,建立航运服务和总部经济集聚区。

第二十二条　本市应当采取措施,鼓励金融机构为航运相关企业提供融资、结算、风险管理、财务顾问、信息咨询等金融服务。鼓励航运相关企业利用多层次资本市场募集资金。

第二十三条　市人民政府金融工作部门应当会同国家金融监管部门驻连机构采取措施,鼓励商业银行在本市设立船舶融资中心,鼓励保险机构在本市设立航运物流保险运营中心。鼓励以船舶融资租赁为试点,促进融资租赁业发展。鼓励商业保理公司拓展船舶建造方融资渠道。鼓励船舶买卖(融资)经纪公司、航运保险经纪公司及航运衍生品经纪公司等中介机构落户本市。

第四章　航运创新建设

第二十四条　本市争取国家相关政策,探索和推进建设大连自由贸易港。

第二十五条　本市支持符合国家规定的航运企业经营以大连港为国际中转港的沿海捎带业务。

第二十六条　本市鼓励大连商品交易所加快航运期货品种研发。支持在本市设立航运交易所。

第二十七条　市科学技术行政部门应当会同发展改革等部门制定引导政策,鼓励航运装备制造企业、高等院校及科研机构加强安全、高效、节能、环保等航运新技术、新材料和新工艺研发。支持物联网、云计算、大数据、人工智能等技术在航运领域的集成应用创新。

第二十八条　市科学技术行政、工业和信息化部门应当会同交通运输等部门制定引导政策,支持船舶修造业创新发展,提高海洋工程装备和高技术船舶制造水平。支持、鼓励研制、开发、试航无人货物运输船等智能船舶。

第二十九条 市人民政府及相关部门应当落实环渤海水域船舶排放控制区要求,定期开展船舶污染基础信息调查,开展码头污染综合治理,强化船舶污染监管和海上溢油风险防范能力。港口经营人应当实施港口污水处理与回用设施技术改造,建立船舶污染物和废弃物的接收系统;严格执行排放控制区船舶低硫油政策,鼓励使用船舶岸电。鼓励航运企业使用低耗能、低污染的运输工具和机械设备。

第五章 航运营商环境建设

第三十条 市口岸部门应当协调驻连海关、海事、边检等口岸查验单位建立并公布航运管理权力清单和责任清单,建设稳定、公平、透明、可预期的航运、口岸及物流业发展营商环境。

第三十一条 市口岸部门应当协调驻连海关采取措施,推进全国通关一体化,完善口岸监管设施建设,改革调整物流监管模式,加快海关监管信息化建设,为口岸进出境货物提供高效、便捷的通关服务。

第三十二条 市口岸部门应当协调驻连海事部门采取措施,依法简化船舶登记手续,完善船舶登记内容,优化船舶登记及相关业务流程,为船舶营运、融资、保险、修造、交易等提供便捷高效的船舶登记服务。

第三十三条 市口岸部门应当协调驻连边检部门采取措施,在口岸实施无纸化申报和人脸识别等技术运用,为航运企业提供便捷高效的边检查验服务。

第三十四条 市交通运输主管部门应当协调驻连船舶检验机构采取措施,提高船舶检验服务能力,为航运相关企业、修造船企业等提供便捷高效的船舶检验综合服务。

第三十五条 市交通运输主管部门应当会同驻连海事等部门采取措施,健全和完善引航服务规范,公开收费标准,为进出大连口岸的船舶提供高效、安全、便捷的引航服务。

第三十六条 市交通运输主管部门应当会同市人力资源和社会保障等部门完善航运高层次人才政策,制订航运高层次人才培养、引进计划。鼓励航运企业、机构引进各类高层次航运人才。市教育主管部门应当会同相关部门指导职业学校制定航运专业人才培养方案。鼓励职业学校、职业培训机构培养航运专业人才。本市支持在连高等院校设立航运相关专业,开展产学研合作,推进成果转化。支持具备条件的在连高等院校建设海事领域世界一流大学。支持航运智库建设和发展。

第三十七条 本市登记设立的仲裁机构应当根据专业需要,吸收具有专业知识的人员为仲裁员,提高航运仲裁专业化水平和国际化程度,扩大仲裁业务范围。本市支持航运法律服务业发展,鼓励法律服务机构开展国际交流,拓展航运法律服务领域,为航运机构和相关企业、个人提供专业的航运法律服务。

第三十八条 本市应当加强航运文化建设,加大航运文化培育力度,开展航运文化交流合作,形成市民航运知识普遍提高的航运文化环境。

第六章 保障与监督

第三十九条 本市设立大连东北亚国际航运中心建设发展金,并纳入财政预算,为推进大连东北亚国际航运中心建设提供资金扶持。鼓励、支持各种社会资本参与大连东北亚国际航运中心建设,为航运业的发展提供资金服务。

第四十条 本市应当争取国家和省有关政策,制定并完善推进大连东北亚国际航运中心建设和航运业发展的措施。

第四十一条 市应急管理、交通运输等部门应当按照各自职责,加强航运安全监管体制机制建设,完善航运突发事件应急预案体系,提升突发事件应对能力。

第四十二条 市人民政府应当建立大连东北亚国际航运中心建设工作考核制度,对承担航运中心建设职责的相关部门进行考核,推动航运中心建设各项工作开展。

第四十三条 市人民政府应当向市人民代表大会常务委员会报告大连东北亚国际航运中心建设分阶段目标完成情况。

第七章 附则第四十四条

本条例自 2020 年 3 月 1 日起施行。

《关于在大连水运口岸实行进口集装箱设备交接单及放箱无纸化工作的公告》

为贯彻落实党中央、国务院关于优化营商环境的决策部署结合大连口岸试运行实际,进口集装箱设备交接及放箱无纸化具备正式运行条件。决定自 2019 年 1 月 10 日起,大连水运口岸实行进口集装箱设备交接及放箱无纸化工作,现将有关事项公告如下:

一、各船公司、船代企业、进出口企业、集装箱道路运输企业、集装箱堆场和港口企业(集装箱码头、码头物流、南岸场站、毅都场站),均要开展进口集装箱设备交接和放箱无纸化工作。设备交接和放箱信息可通过大连口岸物流网平台(http://www.dpncomcn/)实现电子化流转。

二、港口企业实行进口集装箱设备交接及放箱无纸化办理不再接收纸制单证。如有特殊情况,船公司、船代企业以邮件方式通知港口企业。

三、加快推进提货单电子化、出口设备交接单及放箱无纸化试点进程。参与试点的各单位,要加强协调和配合,及时总结试点经验,完善工作机制;待各环节业务和系统平稳运行后取消纸质单证使用,并逐步在大连水运口岸全面推行。

《大连市航空运输业发展专项补贴资金管理暂行办法》

第一章 总则

第一条 根据《国务院关于促进民航业发展的若干意见》(国发〔2012〕24 号)的精神,

为加快推进空港发展,充分发挥民航运输业在区域经济增长中的驱动作用以及对外开放的窗口作用,更好地促进大连航空运输客货稳定运营和增长,特制定本办法。

第二条 本办法所称航空运输业发展专项补贴资金是由大连市政府设立,市本级财政预算安排的用于完善航线网络布局,提升机场客货量的专项补贴资金(以下简称"专项补贴资金")。

第三条 专项补贴资金管理坚持"公开、公平、公正"的原则,实行专款专用。

第二章 部门职责

第四条 市政府口岸办负责提出年度预算建议,组织项目申报、项目审核和拟定年度补贴计划,并对项目实施情况进行监督检查和绩效考核。市财政局负责资金预算管理和资金拨付。

第三章 扶持范围

第五条 专项补贴资金主要用于以下范围:新增航线;原有航线加密;原经停航线改造为直航航线;新增包机航线;东北腹地航线;航线的原有机型调整为大机型;洲际航线;异地候机楼补贴。

(一)新增航线是指新开辟的始发和经停大连的航线,包括定期航线和包机航线。定期航线是指列入民航局航班计划表,航班性质为定期。原有航线加密是指在原有同一目的地上新增加的航班。经停航线是指大连经停某一通航点前往目的地的航线。直航航线是指大连直飞目的地的无经停航线。

(二)新开客(货)运航线是指航线上至少有一点为新通航点。新通航点以暂行管理办法实施之日起开始界定。

(三)包机航线是指未列入航班计划表的不定期航线。

(四)东北腹地航线是指大连至东北三省以及内蒙古东部地区(呼伦贝尔、兴安盟、通辽、赤峰、锡林郭勒盟等5个盟市)所在地机场的航线。

(五)洲际航线是指大连至美洲、欧洲、大洋洲和非洲等其他大洲的航线。

(六)大连机场异地城市候机楼主要指丹东和盘锦等城市候机楼。

(七)执行率即正常执行航班的航段班次与计划航班的航段班次之比,用百分比表示。计算公式:航班执行率=正常执行航段班次/计划航段班次×100%。

(八)航线的原有机型调整为大机型是指原有航线的机型在200座以下(不含200座)调整为200座以上(含200座)的宽体客机。

(九)每班补贴金额是指一个往返航班。

第四章 专项补贴资金标准

第六条 专项补贴资金的补贴标准如下:

(一)新增及加密国际及港澳台客运航线补贴

1．新增的直飞日本航线每班补贴 3.5 万元。

2．新增的直飞俄罗斯远东航线每班补贴 3 万元。

3．新增直飞韩国航线每班补贴 2 万元。

4．新增直飞亚洲其他地区及港澳台航线每班补贴 3 万元。

以上原经停航线改为直航航线按新增航线标准补贴,原有直航航线加密按新增航线补贴标准的 50% 执行,新增经停航线按新增直飞航线补贴标准的 50% 执行,原有经停航线加密按新增航线补贴标准的 25% 执行,通航点(一个城市多个机场按一个航点计算)周航班量达到 14 班(含 14 班)以上不再予以补贴。

补贴要求:以民用航空局下达的航线批复为依据,航班执行率 70% 以上(含 70%)予以补贴。

补贴时限:2 年(24 个月),第一年、第二年的补贴额分别按补贴标准的 100% 和 50% 执行,原经停航线改为直航航线和原有航线(含经停)加密的补贴期限均为 1 年。

(二)新增及加密货运航线补贴

1．新增的直飞亚洲国际货运航线每班补贴 5 万元。

2．新增的直飞港澳台货运航线每班补贴 3 万元。

3．新增的国内货运航线(不含港澳台)每班补贴 3 万元。

4．为鼓励航空公司在大连机场集货,促进转运货量的快速增长,在大连机场全年货量增长 10% 以上(含 10%)的前提下,对在大连直飞定期货运航线或腹舱载货定期航班的航空公司,按各航空公司增量贡献比例(净增量不低于 100 吨)奖励资金 500 元/吨。

5．原有货运航线加密按新增货运航线的补贴标准的 50% 执行。

补贴要求:货运航班保证连续执飞 3 个月以上、每月执飞 10 班以上的航线。

补贴时限:国内货运航线(不含港澳台)和加密货运航线补贴期为 1 年(12 个月),亚洲国际和港澳台货运航线补贴期为 2 年(24 个月),第一年、第二年的补贴额分别按补贴标准的 100% 和 50% 执行。

(三)国际客运包机航线补贴

国际客运包机航线的补贴标准按照定期航班补贴标准的 50% 执行。

补贴要求:客运包机航班连续执行 10 班以上(含 10 班)。

(四)新增东北腹地客运航线补贴

新增东北腹地直飞客运航线每班补贴 1.8 万元。

补贴要求:航班保证连续执飞 3 个月以上(含 3 个月),以民用航空局下达的航线批复为依据,航班执行率 70% 以上(含 70%)予以补贴。

补贴时限:2 年(24 个月),第一年、第二年的补贴额分别按补贴标准的 100% 和 50% 执行。

(五)调整大机型补贴

原有航线的机型由 200 座以下调整为 200 座(含)以上机型执行,每班补贴 1 万元。

补贴要求:以民用航空局下达的航线批复为依据,航班执行率 70% 以上(含 70%)予以补贴。

补贴时限:1年(12个月)。

(六)新增洲际航线补贴

根据城市发展需要,新开辟的洲际客货运航线,一事一议。

(七)异地候机楼地面交通补贴

鼓励"高铁+航空"出行,对丹东和盘锦等设立异地候机楼所在地来大连乘坐大连出港航班的旅客给予50元/人次地面交通补助。

补贴时限:2年(24个月)。

第五章　专项补贴资金申报

第七条　市政府口岸办每年3月31日前提出专项补贴资金的申报时间、申报流程和所需提交的材料等,相关单位按规定要求及时申报。

第八条　项目申报的条件:

(一)申报资格

1.在中国境内注册的独立法人企业(国外航空公司总部需授权国内办事处与有关部门签订合同)。

2.具有1年以上航空运输业运营经验。

3.具有开展相关业务的经营资质。

(二)申报条件

1.所有申报的定期航线在申报日期前已连续运营6个月以上(含6个月)。

2.所有申报的包机航线在申报日期前已连续运营10班以上(含10班)。

3.申报有航线执行率要求的航班,申报期间执行率需达到70%以上(含70%)。

第九条　项目申报需提交的材料:

(一)大连市航空运输业发展专项补贴资金扶持项目申请报告;

(二)企业经营资质相关证明材料;

(三)民航局的航线批复文件;

(四)大连机场提供航班运行情况相关材料;

(五)申报材料真实性、完整性承诺函。

第六章　项目审核

第十条　收到航空企业报送材料后,市政府口岸办5月底前要组织第三方机构进行审核。审核后的项目在市政府口岸办官方网站上公示,公示期为10个工作日。公示期间,有异议的申报项目由市政府口岸办组织相关部门予以核实。审核通过的项目由市政府口岸办报市财政局,市财政局按程序拨付资金。

第七章　管理和监督

第十一条　航线开通前,航空公司需将新增或加密航班航权和时刻的批复、航班运营计划安排、公司营业执照等相关资料以书面形式向大连机场申请报备,大连机场在 10 个工作日内予以确认。航空公司需将获得确认等相关材料在新增或加密航班开航后 10 个工作日内,向市政府口岸办备案。

第十二条　市政府口岸办对实施情况进行跟踪,及时做好项目评估工作,对不良的项目进行重点指导,发现问题及时解决。受扶持项目单位应主动配合有关部门开展工作,提供相应的文件材料。

第十三条　对弄虚作假、截留、挪用等违反财经纪律的行为,市财政局按《财政违法行为处罚处分条例》(国务院令第 427 号)等有关规定进行处理,同时将已拨付的财政补贴资金全额收回上缴市财政。

第八章　附则

第十四条　本办法由市政府口岸办负责解释。

第十五条　本办法自 2019 年 7 月 1 日起施行。

2021 年

大连市东北亚国际航运中心发展"十四五"规划
《大连市航运保险专项补贴办法》

第一条　为贯彻落实国务院《关于加快发展现代保险服务业的若干意见》(国发〔2014〕29 号)、《大连区域性金融中心建设促进条例》和《大连市推进东北亚国际航运中心建设条例》的精神,有效发挥财政资金引导撬动作用,促进航运保险业快速发展,推进大连市东北亚国际航运中心建设,大连市政府设立航运保险专项补贴资金并制定办法如下。

第二条　补贴对象经营航运保险业务并对地方经济社会发展作出贡献的保险机构,且航运保险产品经过银行保险监管部门备案。

第三条　补贴险种本办法补贴的航运保险险种,指经过银行保险监管部门认定的下列险种:船舶险(包括远洋船舶险、沿海内河船舶险、船舶建造险)、货运险(包括进口货运险、国内水路货物运输保险、国内水路陆路联运保险)、保赔保险、集装箱保险、船舶污染责任险。以上备险种如为免税,则不在补贴范围之内。本办法中所称"航运保险"均指本条所列险种。

第四条　补贴标准以 2020 年度航运保险原保险保费收入为基准,对补贴年度超出基准的增量保费进行补贴,补贴标准为增量保费的 3%。

第五条　业务报备开办航运保险业务的保险机构应自本办法实施之日起 2 个月内向大连市保险行业协会(以下称"市保险协会")进行报备,报备内容包括:开办险种及产品备案号、2020 年度保费收入、纳税情况等,同时应向大连银保监局提供各险种保单级数据包。

第六条　预申报拟申报航运保险专项补贴单位(以下简称"申报单位")原则上应于当

年9月10日前向市保险协会进行预申报并填报大连市航运保险补贴资金预申请表,预申报内容包括:航运保险业务开展情况(含预计当年业务规模、补贴资金预算和预计纳税情况等内容)。市保险协会根据预申报情况制定航运保险专项补贴资金初步预算报市金融发展局。

第七条　补贴申报市保险协会应于每年3月底前,组织申报单位完成上年度航运保险专项补贴申报工作。

第八条　申报材料申报单位需向保险协会提供以下材料:

(一)申请报告;

(二)大连市航运保险专项补贴申请表(机构申报);

(三)工商营业执照复印件、税务登记证复印件,或者加载统一社会信用代码的营业执照;

(四)上年度航运保险业务发展情况说明;

(五)上年度增值税纳税申报表、完税凭证及明细附件;

(六)符合条件的保险产品清单和备案号。申报单位另需提供保单级明细数据库及汇总表,通过金融专网FTP报送至大连银保监局。

第九条　审核拨付流程

(一)市金融发展局、大连银保监局组成联合评审组,负责补贴的审核工作。

(二)市保险协会对申报单位的申报材料进行形式审查和数据审核,对不符合要求的,通知其补充和调整相关材料,逾期未按要求补正完成的,视为放弃本次申报。市保险协会应于每年5月底前填报大连市航运保险补贴资金申请表(汇总申报)统一向联合评审组申报并出具初审意见。

(三)联合评审组根据市保险协会提交的申报材料进行复审。

(四)市金融发展局将联合评审组审核意见转报市财政局,市财政局根据审核意见下达资金,由市金融发展局统一拨付保险机构。

第十条　保险机构应认真对照本办法和相关通知要求,按时申报,配合相关单位开展申报工作。保险机构对申报材料及数据的真实性、完整性、可靠性负责。对在申报过程中弄虚作假的保险机构,一经核实,取消其申报资格,全额追缴全部补贴资金,并依据国家和地方有关法律法规进行处理。

第十一条　市保险协会应依法依规、公平、公正做好报备、预申报、正式申报、初审和统一申报等工作。

第十二条　领取补贴的保险机构应将航运保险补贴资金用于支持航运保险业务发展,加大对航运保险人才的培养力度,推进航运保险业务拓展,提升航运保险风险管理能力等方面。

第十三条　本补贴办法与其他相关政策不重复享受,同一申报单位就相同事项申请补贴资金,采取就高原则,不重复补贴。

第十四条　本办法由市金融发展局、市财政局、大连银保监局按各自职责负责解释。

第十五条　本办法自2021年9月28日起实施,补贴年度为2021年至2023年。

大连市东北亚国际航运中心发展"十四五"规划

中共大连市委　大连市人民政府关于贯彻落实《交通强国建设纲要》的实施意见

为深入贯彻落实《中共中央、国务院关于印发〈交通强国建设纲要〉的通知》（中发〔2019〕39号）和《中共辽宁省委、辽宁省人民政府关于贯彻落实〈交通强国建设纲要〉的意见》（辽委发〔2020〕15号）精神，全面建成人民满意、保障有力的综合交通运输体系，结合大连实际，制定本实施意见。

一、发展目标

从2021年至本世纪中叶，分两个阶段推进交通强国建设任务在大连落实落地。

到2035年，基本建成快速通达、高效经济、智慧先进、绿色安全的现代化综合交通体系，拥有发达的快速网、完善的干线网、广泛的基础网，基础设施通达程度达到全国领先水平，旅客联运便捷顺畅，货物运输高效经济，人民满意度明显提高，交通国际影响力显著增强，基本实现交通治理体系和治理能力现代化，有力支撑亚太对流枢纽建设。

海港、空港枢纽能级显著提升，国际一流"双港"体系基本形成。铁路、公路、水运、民航多种运输方式高效衔接，交通快速网、干线网、基础网进入全国前列，实现县区通高速、乡镇通二级路、村村通班车。

都市区1小时通勤、城市群2小时通达、全国主要城市3小时覆盖。

快货国内1天送达、周边国家2天送达、全球主要城市3天送达。

货运"一单式"运输全面推广，集装箱海铁联运量占集装箱吞吐量比重提升。

交通设施、运载装备、经营业户和从业人员等要素基本实现数字化及智能化，智慧交通应用逐步普及。

到本世纪中叶，全面建成现代化综合交通运输体系，国际性综合交通枢纽城市地位突出。综合交通运输全面实现数字化、智能化、一体化，基础设施规模质量、技术装备、科技创新能力、智能化与绿色化水平位居全国前列，交通安全水平、治理能力、文明程度大幅提高，人民享有美好交通服务，为大连"两先区"建设提供强力支撑，全面服务东北振兴和社会主义现代化建设。

二、构建现代化综合交通运输网络体系

1. 统筹综合立体交通网络空间布局。全面落实国家重大战略布局，完善综合运输通道，形成"通道+枢纽+网络"的互联互通立体交通格局。统筹铁路、公路、水运、民航、管道、邮政等基础设施规划建设，推动各种运输方式融合发展，优化存量资源配置，扩大增量有效供给，实现交通供需更高水平的动态平衡。重点推进地下空间分层开发，拓展地下纵深空间，统筹城市轨道交通、地下道路等交通设施与城市地下综合管廊的规划布局。

2. 优化高品质的快速交通网。以高速铁路、高速公路、民用航空等为主体，构建服务品质高、运行速度快的综合交通骨干网络。完善高速公路网络，加快推动城际、经济区域间高速公路互联互通，基本实现全市所有区市县（开放先导区）及重要乡镇通高速。提高大连区域交通链接能力，打造与东北腹地的北向内陆综合运输通道，进一步畅通哈尔滨至大连（青岛)主轴和长白通丹陆海通道辽宁(大连)段。推进渤海海峡跨海通道前期研究。推进周水子国际机场挖潜改造,加快大连新机场建设,争取与国际枢纽机场相匹配的空域、航线、航班时刻等航权资源,全面提升对外综合运输通道联通能力。

3. 强化高效率的普通干线网。以普速铁路、普通国道、航道及油气管线等为主体,构建运行效率高、服务能力强的综合交通普通干线网络。推进普速铁路提速改造,扩大网络覆盖广度和深度。以太平湾等沿海港口为关键节点,加快码头、航道等基础设施建设。强化油气管网输送能力,巩固和完善油气进口通道,形成布局合理的管道网络。建成一批连接港口、高速、园区的区间快速通道,推进滨海公路等国省干线升级改造,提高干线公路和城市快速路网密度。

4. 拓展广覆盖的基础服务网。以省道、农村公路、支线铁路等为主体,通用航空为补充,构建覆盖空间大、通达程度深、惠及面广的综合交通基础服务网络。全面推进"四好农村路"建设,完善农村邮政等基础设施,助推乡村振兴战略。加快完善陆岛交通基础设施,优化陆岛客运及旅游航线网络。强化与产业园区、物流园区、口岸等有效衔接,增强对干线铁路网的支撑作用。加快推进通用机场建设,鼓励拓展商品物流、应急救援等功能,助推大连建设国家首批通用航空产业综合示范区。

5. 构建一体化的综合交通枢纽体系。完善综合交通枢纽布局,支撑大连国际枢纽海港建设,带动辽宁沿海经济带发展。优先推进综合立体交通枢纽建设,实现客运零距离换乘和货运无缝化衔接。引导和推进多式联运枢纽建设,完善集疏运体系,提高中转、换装效率。统一规划、设计、建设综合交通枢纽,加强陆地设施设备共建共享共用,推动站城一体化开发。大力发展枢纽经济,打造太平湾东北亚"新蛇口",加快推进大连新机场建设,推动港口型、生产服务型、商贸服务型国家物流枢纽建设,形成极点带动、轴带支撑的网络化空间格局。

三、构建便捷高效的综合运输服务体系

6. 打造便捷舒适的旅客运输系统。强化不同运输方式运力、班次和信息对接,推进空铁、公铁、铁水等联程运输发展,完善旅客联程运输服务体系。强化轨道交通一体化衔接,构筑以高铁、航空为主体的大容量、高效率的区际城际快速客运系统。加强城市交通拥堵综合治理,深入实施公交优先战略,打造具有国际水准的"公交都市"。构建多层次轨道交通网络,推动轨道交通网络和公交线网融合衔接,重点强化旅顺口区、高新区及大连经济技术开发区等片区的中运量公交支撑片区廊道拓展功能。支持发展个性化、定制化运输服务,建设多样化城市客运服务体系。鼓励城际道路客运公交化运营及城市公交线向郊区延伸,推进城乡客运服务一体化,提升基本公共服务均等化水平。

7. 构建绿色高效的物流体系。优化运输结构,加快打造各种运输方式衔接紧密、转换顺畅的多式联运体系。积极推进冷链运输、商品车运输等特色物流发展壮大。培育多式联运经营人、无车(船)承运人,发展高铁快运及电商快递班列。依托东北亚国际航运中心建设,推动中欧班列发展,提高国际运输便利化水平,打造国际化物流体系。推动重要枢纽的邮政和快递功能区建设。统筹城乡配送协调发展,推动城际干线运输、城市末端配送及城乡物流服务有机衔接,开展联收联投、共同配送等集约化运输服务。严格落实减税降费政策,维护公平竞争市场环境。

8.打造人文、公平的运输服务系统。突出"以人为本、文明和谐",构建与经济社会高质量发展相适应、与历史文化风貌相协调的人文交通系统。综合运用经济、法律、宣传等手段,加强交通需求侧管理,大力发展公共交通。完善交通无障碍基础设施的标准规范体系,提升无障碍设施覆盖面,提升无障碍出行服务均等化水平,持续优化无障碍交通运输服务的"硬设施"和"软服务"。积极推进共享交通发展。

9.推进运输服务新业态新模式发展。统筹规划建设旅游景观道路,提升交通出行和旅游观光双重服务品质。拓展交通基础设施旅游服务功能,推动旅游专列、邮轮游艇等体验交通发展。发展平台经济、共享经济,实现出行即服务。发展"互联网+"高效物流,加快快递扩容增效和数字化转型,推动供应链服务、冷链快递、即时直递等模式发展。积极发展无人机(车)、城市地下物流等,推动城市配送自动化、无人化、立体化。

四、建设引领发展的创新驱动体系

10.强化前沿科技研发应用。创新新一代信息技术、新材料等特色产业链,激发交通运输行业创新活力和创造潜能。加强交通基础设施新材料、建设与养护技术的研发与应用,推进交通基础设施数字化、网联化。推动新型载运工具、特种装备研发,打造运输服务领域的数字化出行助手,推动"互联网+"便捷交通发展。

11.大力推进智慧交通发展。推动5G、大数据、人工智能、区块链等技术与交通行业深度融合。加速交通基础设施网、运输服务网、能源网与信息网络的有效融合,构建泛在先进的交通信息基础设施,推进交通要素全面感知、信息全面共享。推进运输组织和运输服务系统智能化建设,推动跨层级、跨地域、跨业务等数据共享、协同管理,实现多种运输方式联动发展。加强交通信息资源整合提升,优化交通资源配置。深化大数据分析应用,完善交通运输运行监测系统,健全交通运输行业管控体系,创新交通运输数据产品,支撑管理决策和生产运营。推进北斗系统在交通领域的规模化应用。

12.培育壮大智慧交通产业。推进基础设施和载运工具数字化、网络化,鼓励交通运输科技创新和新技术应用。推进水上交通现代化。加快构建"大连特色"交通装备产业,推进大中型邮轮、特种船舶、轨道交通、联运装备等的研发和自主建造。大力发展"智慧+"模式,完善基础支撑,出台完善专项支持政策,引导和支持智慧交通新兴前沿领域创新和产业化。培育壮大智慧交通产业龙头,积极推进智慧交通产业联盟建设。促进构建共创共赢产业生态圈,打造全价值链的智慧交通产业体系。

13.完善交通科技创新体系。探索建立以企业为主体、产学研用深度融合的交通科技创新机制。鼓励智慧交通建设和运营模式创新,支持交通行业各类创新主体建立创新联盟,建立关键核心技术攻关机制。在优势特色领域培育建设一批具有国际影响力的实验室、试验基地、技术创新中心等创新平台。完善交通运输标准体系,健全技术创新、专利保护机制,提升科技研发、标准编制和产业发展一体化水平。

五、建设保障有力的安全发展体系

14.切实提升本质安全水平。将安全生产理念贯穿到交通运输规划设计建设运行全过程,提升基础设施安全防护水平。建立完善现代化工程建设和运行质量全寿命周期安全管理体系,推进精品建造和精细管理。提高交通基础设施韧性,强化交通基础设施预防性养护维护、安全评估,增强交通基础设施耐久性和可靠性。强化载运工具质量治理,加快推进船型车型标准化。加大行业安全宣传教育,加强企业安全文化建设和专业人才队伍建设。

15. 完善交通安全生产体系。完善依法治理体系,健全安全生产法规制度和标准规范,提升交通安全生产法治水平。夯实行业管理部门监管责任,建立各级交通管理部门安全生产监督管理工作责任规范。加强企业安全主体责任,严格实行企业全员安全生产责任制。强化安全生产事故调查评估,完善网络安全保障体系。加强交通安全综合治理,创新推进非现场执法。

16. 强化交通应急救援能力。建立健全综合交通应急管理体制及机制、法规制度和预案体系,推进应急决策指挥体系建设,定期开展风险评估、应急资源调查和应急演练演习,及时修订突发事件应急预案。构建重大公共突发事件交通应急系统,科学布局战略通道应急装备物资储备基地与救援中心建设,建立完善跨地区、跨部门应急资源和信息共享机制。加强专业化应急队伍建设,积极吸引社会化力量参与,强化应急救援社会协同能力,完善征用补偿机制。

17. 强化交通对国家安全的支撑。加快完善运输通道保障体系,提升重点物资大通道服务覆盖能力,改善重点物资国际运输服务功能。统筹能源生产与运输环节协同发展,积极构建跨区域重要能源运输大通道。完善海外运输通道和支点布局,推进海外运输通道优先项目建设。推进交通军民深度融合发展,加强边防交通军民共用基础设施建设,推进交通军地资源优化配置、合理共享、线网衔接。

六、建设节能环保的绿色交通体系

18. 强化生态环境保护修复。严格落实生态保护和水土保持措施,鼓励开展生态修复。加强交通运输基础设施与"三区三线"对接,积极推进生态选线、选址。强化生态环保设计,建设绿色交通廊道,避让耕地、林地、湿地等具有重要生态功能的国土空间。全面提升交通运输基础设施景观服务功能。推动建立市场化、多元化的生态补偿机制,推动形成人与自然和谐共生。

19. 强化资源节约集约利用。加强运输通道资源、枢纽空间的综合利用,统筹规划布局线路和枢纽设施,集约利用土地、线位、桥位、岸线等资源。充分应用各类节地技术和节地模式,提升用地用海用岛效率,有效控制港口岸线开发利用强度。推广施工材料、废旧材料再生和综合利用,加强服务区、客运站、港区等水资源循环利用。推进邮件快件包装绿色化、减量化。

20. 强化交通运输节能减排。加速淘汰落后技术和高耗低效交通装备,提升新能源、清洁能源应用比重,加快车用、船用的充电、岸电、加气等设施布局、建设和应用。推广绿色照明、变频控制、温拌沥青等节能降碳技术,减少基础设施建设和生产组织中的碳排放。实施船舶能效管理体系,推广模拟驾驶培训技术应用。科学划设公交专用道,因地制宜完善城市步行和自行车等慢行服务系统。

21. 强化交通运输污染防治。打好柴油货车污染治理攻坚战,统筹油、路、车治理。推动船舶水污染接收、转运、处置联合监管,构建船舶污染物排放智能检测和支持系统。推进水上防污染监督常态化,海上防污染巡查天地一体化。完善水源保护区穿越公路、铁路的应急防护措施。加强道路危险运输车辆监管力度,严防有毒有害物质渗漏、流失、扬散。倡导绿色包装,加快淘汰重金属等特定物质超标的包装物料。完善噪声敏感区域的高速公路、铁路两侧噪声污染防治设施,妥善处理好机场噪声影响,推广低噪声路面。大力培育绿色出行文化,深入开展绿色出行行动。

七、建设包容共赢的开放合作体系

22. 引领扩大对外开放合作。以大连为龙头深入推进辽宁沿海经济带开发开放,加快完善"辽满欧""辽海欧"综合运输通道,进一步拓展港口腹地纵深,探索开辟融入东北亚经贸格局的陆海物流新通道。融入全球运输供应链体系,拓展国际海运服务网络,积极参与北极航道开辟与试航工作,推进"冰上丝绸之路"发展。加快完善全球航空网络布局,新增、加密大连机场与其他国家航线,逐步开通与北美、欧洲等地区的直达航线,推进"空中丝绸之路"建设,提高民航的全球连接度。积极扶持相关航空运输企业做大做强。鼓励企业参与"一带一路"沿线国家和地区基础设施建设,加强与国外物流园区、工业园区等综合开发合作。提高海运全球连接度,建设推动中俄、中蒙、中朝国际道路运输发展,打造多方式、多通道、复合型对外交通走廊。

23. 建设世界一流港口。推进港口资源更高质量整合,推动多港联动一体化发展,提升航运服务综合能力。发挥大连的"中心港"效应,加快畅通陆海通道、完善集疏运网络、提升航运服务水平,建设智慧、绿色、高效国际性枢纽港。重点拓展和完善现代物流服务、海洋产业集聚、邮轮服务、自由贸易、航运配套服务等功能,提升集装箱、能源、商品汽车等中转运输服务保障能力和服务水平。加快物流、贸易、金融等航运要素集聚,引领港口转型升级。加快推进太平湾开发建设,推进"港产城创"融合发展。

24. 建设一流国际航运中心。巩固提升大连东北亚国际航运中心地位,拓展邮轮母港功能及远洋航线、国内支线,实现支线与内外贸集装箱航线、铁路班列的无缝对接。吸引全球百强航运企业和国际航运组织入驻,提高海事法律与仲裁、航运融资与保险等服务能级。对标国际贸易便利化标准,全面优化口岸综合效率和营商环境。探索创建自由贸易港,进一步引领提升对外开放水平和力度。

25. 建设一流国际物流中心。加快推进国家物流枢纽承载城市建设,建设港口型、生产服务型和商贸服务型国家物流枢纽,打造"通道+枢纽+网络+平台"物流运行体系。加快推进大宗货物长距离运输"公转铁""公转水",建设大连商品车跨区转运通道、大连"班轮+班列"跨海滚装通道和大连大宗货物跨境保税通道,打造全国交通强国多式联运试点优秀品牌。推进跨方式快速换装转运标准和装备升级,编制"多功能钢质托盘"标准,申报通过交通运输部行业标准。加快推进航运物流、数字物流、智慧物流、电商物流、冷链物流和航空物流等专业化物流发展,建设东北亚港航物流大数据中心,打造物流服务创新应用一流生态。加快推进大连东北亚供应链资源配置中心建设,建设布局合理、技术先进、便捷高效、绿色环保、安全有序的现代物流综合服务体系。

八、建设精良专业的人才队伍体系

26. 培育高水平交通科技人才。建立高级人才库,为现代化综合交通运输发展提供智力支撑。积极开展继续教育培训,推动学术交流,不断夯实知识储备与创新能力。重视科研试错探索价值,建立鼓励创新、宽容失败的容错纠错机制。

27.打造素质优良的交通劳动者大军。实施交通从业人员素质提升工程,加强交通职业教育,建立完善高技能人才培养培训体系及评选表彰制度,提高从业人员技能,造就一支素质优良的知识型技能型创新型劳动者大军。

28.建设高素质专业化交通干部队伍。落实建设高素质专业化干部队伍要求,注重专业能力培养,增强干部队伍适应现代综合交通运输发展要求的能力。加强年轻干部实践锻炼,推动跨行业、跨区域交流任职,开阔视野。拓宽选人用人渠道,优化干部队伍结构,形成能上能下、优胜劣汰的干部动态任用机制。

九、建设协同高效的现代治理体系

29.深化交通行业改革。研究制定、修订完善相关地方交通运输法规规章。深化体制机制改革,探索区域、城市大交通管理体制改革。重点推动在市场准入、跨区域跨领域经营、新业态发展、国际运输合作等领域的管理改革,不断激发市场活力。统筹交通基础设施建设、交通管理等行政资源,推动城市交通综合治理。推进投融资模式创新,引导港口、高速公路等企业向资本投资、营运管理转变。

30.优化交通运输营商环境。健全市场治理规则,推进简政放权,破除区域壁垒,防止市场垄断,打造行业无人工干预的智能化行政审批业务系统和全流程在线办理的政务服务平台。完善运输价格形成机制,规范交通运输行业各类收费,构建统一开放、竞争有序的现代交通市场体系。全面实施市场准入负面清单制度,构建以信用为基础的新型行业监管体系。

31.扩大交通社会参与。健全公共决策机制,重大行业行政决策履行公众参与、风险评估、集体决定等程序。搭建信息沟通、意见表达、决策参与、监督评价、舆论分析与引导为一体的公众参与平台,鼓励社会广泛参与行业治理。引导社会组织依法自治、规范自律。推动政府信息公开,建立健全公共监督机制与第三方评估机制。

32.培育大连交通文明。加强正面舆论宣传,推进优秀交通文化传承创新,强化重要交通遗迹遗存、现代交通重大工程保护利用和精神挖掘,讲好交通故事。加强精神文明创建,培养树立交通运输行业先进典型,营造文明交通环境,推动全社会交通文明程度大幅提升。

十、保障措施

33.加强组织领导。充分发挥党总揽全局、协调各方的作用,强化部门协同、上下联动,整体有序推进交通强国建设工作。充分发挥市交通强国建设工作领导小组作用,统筹协调大连市交通强国建设全局性工作,加强宏观指导,建立长效机制。市交通运输局要切实履行领导小组办公室职责,做好领导小组日常工作。

34.加强资金支持。建立完善政府主导、分级负责、多元筹资、风险可控的资金保障和运行管理体制。鼓励采用多元化市场融资方式拓宽融资渠道,积极引导社会资本参与交通强国建设。建立完善固定资产管理方案,明确建设维护优先等级,强化风险防控机制建设。

35.加强组织实施。切实提高对交通强国建设重大意义的认识,统筹制定交通发展战略、规划和政策。强化政策协同与规划刚性约束,实现"多规合一""多规融合"。合理规划交通强国建设进程,科学部署若干重大工程、重大项目,依法保障合理合法用海、用地需求,确保一张蓝图干到底。

36.加强区域协调。加强与国家、省有关部门及周边省市经常性、制度性协商,统筹布局交通基础设施,妥善解决好涉及区域协同发展的相关规划建设问题,实行协同规划、联动发展,合力推动交通强国建设。

2022年

大连市海洋经济发展"十四五"规划
《大连口岸复制推广借鉴2022年促进
跨境贸易便利化专项行动改革举措相关工作推进措施》

为贯彻落实党中央、国务院优化营商环境决策部署,坚持系统观念,高质量统筹口岸疫情防控与促进外贸保稳提质,主动对标先进,加快营造市场化、法治化、国际化口岸营商环境,按照《国家口岸管理办公室关于复制推广借鉴2022年促进跨境贸易便利化专项行动改革举措的通知》要求,制定《大连口岸复制推广借鉴2022年促进跨境贸易便利化专项行动改革举措相关工作推进措施》如下:

一、复制推广借鉴的主要内容

1.深化国际贸易"单一窗口"建设。促进航空物流作业协同和通关效率提升,启动航空物流公共信息平台建设研究;按照国家统一部署推广通关物流全程评估系统,加强口岸物流作业各环节数据采集和交换,推动实现通关物流全流程查询、分析和展示。(责任单位:市政府口岸办、大连海关、辽港集团、大连机场集团、大连口岸物流网有限公司、辽宁电子口岸有限责任公司)

2.推动与主要贸易伙伴口岸相关单证信息共享合作。结合实际做好与《区域全面经济伙伴关系协定》贸易便利化措施衔接和落地实施,推进"智慧海关、智能边境、智享联通"建设合作。开展中日混矿业务国际贸易"单一窗口"合作试点。探索开展跨境贸易相关单证互联互通、信息共享和联网核查。在相关数据共享前,按照《数据安全法》《网络安全法》等相关法律法规要求,完成数据出境相关审批。(责任单位:大连海关、市政府口岸办、辽宁海事局、辽港集团、大连口岸物流网有限公司、辽宁电子口岸有限责任公司)

3.推进跨境电商B2B出口监管试点。围绕"跨境电商+海外仓"模式,支持有需求的传统外贸企业转型跨境电商,支持跨境电商海外仓建设和发展。(责任单位:大连海关、市商务局)

4.完善跨境电商出口退货政策措施。优化跨境电商零售进口商品退货监管流程,减少退货环节。支持出口商品与退货复出口商品"合包"运输到境外,确保出口跨境电商"出得去、退得回、通得快"。(责任单位:大连海关)

5.在实现集装箱设备交接单、放箱单、提货单无纸化基础上。积极推进大宗散杂货无纸化进程。在集装箱干线港推进基于区块链的集装箱电子放货平台应用,海关提供上链放行信息予以支持。稳步推进进口货物"船边直提"和出口货物"抵港直装"试点工作。探索推进符合条件的进口货物车船直取、水水中转、铁水联运发展。在确保生物安全、生态安全有效管控的前提下,扩大"两段准入"模式的推广和应用范围。(责任单位:市政府口岸办、大连海关、辽港集团、大连口岸物流网有限公司)

6.持续落实《清理规范海运口岸收费行动方案》(发改价格规〔2020〕1235号)。结合大连口岸实际,认真落实《大连市清理规范海运口岸收费专项行动实施方案》,营造公平、公正、公开的口岸营商环境。

一是按照国家有关要求,落实港口设施保安费并入港口作业包干费、定向降低沿海港口引航费标准等政策措施。(责任单位:市交通运输局、辽港集团)

二是完善机制,加大工作力度,引导企业在现场及中国(辽宁)国际贸易单一窗口及时公示、动态更新海运口岸各环节收费及服务信息,便于货主进行比较选择和社会监督。(责任单位:市政府口岸办、市交通运输局、市商务局、市市场监管局、辽港集团、辽宁电子口岸有限责任公司)

三是依法查处进出口环节存在的违规收费行为。(责任单位:市市场监管局)

四是积极建设稳定透明的口岸服务环境,明确并向社会公开港口、机场调货、移位、装卸等物流作业时限及流程,为市场主体提供合理稳定的通关预期。(责任单位:市政府口岸办、市交通运输局、辽港集团、大连机场集团)

7.加大涉企政策措施宣传,各部门按职责完善企业意见反馈和协调解决机制,积极保障各项措施落地见效,增强企业获得感。(责任单位:市交通运输局、市商务局、市市场监管局、市政府口岸办、大连海关、辽宁海事局、辽港集团、大连机场集团、大连口岸物流网有限公司、辽宁电子口岸有限责任公司)

二、有关工作要求

1.提高认识。各单位要高度重视2022年促进跨境贸易便利化专项行动各项举措的复制推广和借鉴工作。主动对标先进,持续优化口岸营商环境,促进大连口岸高质量发展。

2.压实责任。各单位结合工作实际,制定具体任务方案和时限安排,组织专门力量统筹推进,加强协作,形成工作合力。并按要求将各项措施落实情况及复制推广借鉴工作中遇到的问题及时反馈市政府口岸办。

大连市海洋经济发展"十四五"规划

2023年

《大连市促进东北亚国际航运中心和国际物流中心全面振兴新突破的若干政策》

为促进大连东北亚国际航运中心和国际物流中心实现新一轮振兴和发展,提升港口联通性,提升要素集聚能力,培育产业发展生态,鼓励企业做大做强,努力取得突破性建设发展成果,特制定以下政策措施。

1.鼓励新增远洋海运航线。对新开空白航区的国际集装箱远洋干线并稳定运营,首年在我市港口挂靠不少于40航次的,给予1 000万元/航线的资金奖励;次年及第三年在我市港口挂靠不少于45航次的,每年给予1 000万元/航线的稳定航线运营补贴。对新增面向RCEP协定中的澳大利亚、新西兰,以及印度、巴基斯坦区域的远洋次干线并稳定运营,首年在我市港口挂靠不少于40航次的,给予500万元/航线的资金奖励;次年及第三年在我市港口挂靠不少于45航次的,每年给予500万元/航线的稳定航线运营补贴。(牵头单位:市政府口岸办,配合单位:市交通运输局、市财政局)

2.鼓励新增南北内贸航线及外贸内支线。对新增面向国内的南北内贸航线以及符合大连大窑湾港启运港退税政策的外贸内支线并稳定运营,首年在我市港口挂靠不少于50航次,给予50万元/航线的资金奖励;次年及第三年在我市港口挂靠不少于50航次,每年给予50万元/航线的稳定航线运营补贴。(牵头单位:市政府口岸办,配合单位:市交通运输局、市财政局)

3.支持发展集装箱水水中转业务。对以大连港为中转港,开展环渤海集装箱水水中转业务的承运人,以每年环渤海支线实际完成量为基数,分3个年度给予资金补贴,补贴标准为首年90元/标准箱、次年70元/标准箱、第三年60元/标准箱。(牵头单位:市政府口岸办,配合单位:市交通运输局、市财政局)

4.鼓励船舶运输企业落户和扩大运力规模。吸引船舶运输企业来连发展,对在大连开业总运力达到2万~5万载重吨、5万~10万载重吨、10万~30万载重吨、30万以上载重吨的船舶运输企业,分别给予50万元、80万元、200万元、300万元一次性资金奖励。鼓励本市船舶运输企业新增运力,对新增0.5万载重吨以上的自有营运船舶,船龄10年及以内的给予每载重吨100元的一次性补助,船龄10~18年(含18年)的给予每载重吨50元的一次性补助;从市外以光租方式租入并经营的船舶奖励标准按照50%执行。(牵头单位:市交通运输局,配合单位:大连海事局、市财政局)

5.支持船舶运输企业扩大运输生产。对在我市注册且连续经营2年以上的年度水路运输周转量达到10亿吨公里的船舶运输企业,按年度水路运输周转量增长幅度,同比增长达到5%~10%的,给予30万元奖励;同比增长达到10%~20%的,给予120万元奖励;同比增长达到20%以上的,给予200万元奖励;对在我市注册且年度水路运输周转量达到10亿吨公里的船舶运输企业,水路运输周转量连续3年同比增长幅度达到10%以上的,再给予100万元奖励。(牵头单位:市交通运输局,配合单位:市财政局)

6.支持航运服务企业落户和发展。对新落户的船舶融资租赁、船舶技术服务(不含船舶修造)、船舶保税供应等航运服务企业,年度营业收入1 000万元以上,且地方直接经济贡献100万元以上的,在直接经济贡献范围内给予资金奖励。新落户企业达到大连市总部企业认定标准的,根据实缴注册资本分档给予800万元~1 600万元落户奖励。鼓励国内外知名航运研究院所、交易服务机构、资格认证机构等航运功能性机构来连发展。对具体负责招揽引荐船舶运输企业、航运服务企业及航运功能性机构来连的招商引资平台,连续3年给予招引来连企业的直接经济贡献3%的资金奖励。(责任单位:中山区政府,高新区、金普

新区管委会)

7. 支持港航物流企业盘活闲置资产。对港航物流企业利用闲置的土地、房屋、设备等闲置资产促进港航经济发展的项目,按实际投入的3%给予最高300万元的补助,并采取调整规划用途、商业配套比例、延长土地使用期等方式推动资产盘活项目启动。(责任单位:中山区政府,高新区、金普新区管委会)

8. 支持航空运输发展。继续执行《大连市航空运输业发展专项补贴资金管理暂行办法》,对恢复、新增、加密客货运航线,旅客中转航线等给予资金补贴。(牵头单位:市政府口岸办,配合单位:市财政局)

9. 鼓励造船企业研发建造绿色能源船舶。对我市造船企业建造并在我市投入运营的氢能船舶的,给予总造价15%最高不超过100万元资金补助。(牵头单位:市工业和信息化局,配合单位:市发展改革委、市财政局)

10. 支持发展海铁联运。对普通海铁联运年重箱量超过一定规模的多式联运经营人,给予200元/标准箱的奖励。对年重箱量超过一定规模的冷藏班列经营人,在普通海铁联运补贴基础上给予1 000元/标准箱的奖励。支持多式联运"一单制"试点建设,对入选辽宁省"一单制"试点项目并验收成功的试点企业,给予100万元一次性奖励。(牵头单位:市交通运输局,配合单位:市财政局)

11. 鼓励物流企业做大做强。对于新入选全国物流50强、全国民营物流50强的企业,分别给予200万元、100万元一次性奖励;对新获评国家5A、4A、3A级的物流企业和国家五星、四星、三星级的冷链物流企业,分别给予30万元、20万元、10万元一次性奖励;等级提升企业给予补差奖励。(牵头单位:市交通运输局,配合单位:市商务局、市邮政管理局、市财政局)

12. 鼓励大型电子商务中心仓储项目落户。支持电子商务企业在连注册设置辐射东北亚地区中心仓,中心仓季度销售达8万单的,对从大连市发往省外各地(国内)的包裹,按季度给予5元/单的物流费用补贴。每家中心仓企业每季度物流费用补贴最高不超过200万元。(牵头单位:市商务局,配合单位:市邮政管理局、市财政局)

13. 鼓励航运保险快速发展。落实航运保险补贴政策,对注册在大连经营航运保险业务并对地方经济社会发展作出贡献的保险机构,且航运保险产品经过银行保险监管部门备案的,以2020年度航运保险原保险保费收入为基准,对补贴年度超出基准的增量保费进行补贴,补贴标准为增量保费的3%。(牵头单位:市金融发展局,配合单位:市财政局、国家金融监督管理总局大连监管局)

14. 加大航运融资支持力度。鼓励金融机构在合规审慎前提下,根据航运物流和船舶租售的资金周转特点,优化业务流程,创新金融产品,大力发展特色航运金融业务,为航运相关企业提供更多更优的融资服务。(牵头单位:市金融发展局,配合单位:市交通运输局、人民银行大连市分行、国家金融监督管理总局大连监管局)

15. 培育和支持航运物流企业上市。对我市拟在境内首发上市的航运物流企业,按照完成改制、辅导验收、正式申报、发行上市四个环节分别给予补贴60万元、60万元、180万元和100万元,最高补助400万元;在"新三板"挂牌的,完成挂牌后一次性给予补贴

140 万元;境外主板或创业板上市,并实现融资 1 000 万美元以上(含首发和非首发)的,一次性给予补贴 400 万元。(牵头单位:市金融发展局,配合单位:市财政局、大连证监局)

16. 支持建立航运发展基金。在我市政府引导母基金框架下,鼓励社会资本出资组建相关子基金,重点投向我市航运、现代物流、航运服务等产业项目。(牵头单位:市财政局,配合单位:市交通运输局,市国有资本管理运营有限公司、市国有金融资本管理运营有限公司)

17. 进一步强化市校合作。支持大连东北亚国际航运中心研究院做大做强,鼓励大连海事大学在智慧航运、现代港航物流供应链、高端航运服务业等方面开展人才培养、科学研究、科技成果转化等活动。(牵头单位:市交通运输局,配合单位:市财政局、大连海事大学)

18. 重大事项"一事一议"。对大连航运和物流产业发展具有重大促进作用的企业、机构、协会和项目,可采取"一事一议"的方式给予支持,由市政府研究确定。

本政策有效期为 3 年,相关实施细则另行制定。政策有效期内如遇法律、法规或有关政策调整变化的,从其规定。本政策奖补资金由市财政、企业注册地所在区(市)财政按现行财政体制负担,另有规定的除外。符合本政策规定的同一项目、同一事项同时符合其他扶持政策规定的,按照就高不重复的原则予以支持,另有规定的除外。

《大连东北亚国际物流中心建设促进条例》

(2023 年 11 月 1 日大连市第十七届人民代表大会常务委员会 第十六次会议通过 2023 年 11 月 14 日辽宁省第十四届人民代表大会常务委员会第六次会议批准)

第一章 总则

第一条 为了贯彻实施建设大连东北亚国际物流中心的国家战略,加快推动本市现代物流业转型升级,营造具有国际竞争力的物流发展环境,建设具有国际影响力和辐射力的东北亚物流中心,根据有关法律、法规,结合本市实际,制定本条例。

第二条 本市促进大连东北亚国际物流中心建设工作,适用本条例。

第三条 大连东北亚国际物流中心建设应当按照国家战略部署和省市相关规划,以智慧、绿色、安全、高效为导向,以构建现代物流服务体系为重点,逐步建成以港航物流为引领,海空两港为支撑,体制机制完善、空间布局合理、产业结构优化、有效供给充足,服务全国、覆盖东北亚、辐射全球的国际物流枢纽。

第四条 市及有关区(市)县人民政府应当加强对大连东北亚国际物流中心建设工作的组织领导,将大连东北亚国际物流中心建设纳入本行政区国民经济和社会发展规划。本市设立大连东北亚国际物流中心建设议事协调机构,负责协调解决大连东北亚国际物流中心建设的重大问题。市人民政府发展改革、科技、自然资源、交通运输、农业农村、商务、市场监督管理、口岸等主管部门、市邮政管理部门按照职责分工,相互配合,做好大连东北亚国际物流中心建设有关工作。具有行政管理职能的市人民政府派出机关等根据授权,做好大连东北亚国际物流中心建设有关工作。

第五条　物流相关行业协会应当加强行业自律,引导公平竞争和诚信经营,维护行业和会员的合法权益,提供技术交流、人才培训、信息咨询等服务,促进行业健康发展。

第二章　规划和基础设施建设

第六条　市人民政府应当依据国家部署、本市国民经济和社会发展规划以及国土空间总体规划编制大连东北亚国际物流中心发展规划(以下简称"发展规划"),并组织实施。发展规划应当明确大连东北亚国际物流中心建设的总体目标、要求、重点任务以及保障措施等内容。

第七条　发展规划应当与本市综合交通运输、口岸、服务业、制造业、对外经贸与商贸流通、农业农村经济社会发展等专项规划相衔接。

发展规划主要内容应当纳入本市国土空间规划,保障大连东北亚国际物流中心建设用地、用海等需求。

第八条　市人民政府发展改革、交通运输、商务等主管部门以及市邮政管理部门应当采取措施,推动运输、仓储、邮政等行业物流基础设施建设的改造升级和联动发展,满足现代物流业高质量发展需要。

第九条　市人民政府应当围绕共建"一带一路"、建设交通强国,立足建设东北海陆大通道,加强本市与环渤海、东北、东南沿海等国内地区,与东北亚、东南亚、欧洲等境外地区之间的物流通道建设,提升大连东北亚国际物流中心的辐射能力。

第十条　本市根据国家物流枢纽布局和建设规划,加快推进港口型、生产服务型和商贸服务型国家物流枢纽建设,为优化国家经济空间布局提供支撑。

第十一条　市人民政府发展改革、交通运输、商务、口岸等主管部门应当推动联运转运设施建设,支持具备条件的港口航运、铁路货运、航空寄递、货运代理企业等向多式联运经营人转变,促进多式联运发展。鼓励多式联运经营人布局内陆枢纽场站及网络节点,升级改造基础设施,创新多式联运组织模式,丰富多式联运产品,提高运输服务效能。

第十二条　鼓励物流企业拓展海空航线数量,增加近洋和支线航运网络密度,开辟远洋干线,织密班列线路等陆运网络,增加运输频次,完善物流网络体系。

第十三条　市人民政府应当加快推进新一代信息基础设施建设,建立物流公共信息服务平台,推动交通运输、公安交管、商务、市场监督管理、口岸等主管部门和铁路、港口、航空等单位逐步向社会依法开放与物流相关的公共数据,实现公共数据共享。

鼓励物流园区、物流中心及物流重点行业加强专业化信息平台建设,实现与物流公共信息服务平台的有效对接。

第三章　物流服务体系建设

第十四条　本市建立政府推动、物流相关行业协会和企业等共同参与的物流标准实施推广机制。

市人民政府市场监督管理主管部门应当会同交通运输、商务等主管部门指导物流企业开展标准化建设工作。

鼓励物流企业对接国际标准,制定和实施企业标准,推动物流技术标准优化升级。

第十五条　本市推进人工智能、物联网、大数据、云计算和区块链等技术在物流业的集成应用,鼓励物流企业加强物流核心技术和专业设备研发,依托现代信息技术发展标准化、专业化、自动化、智能化物流装备,推动智慧物流建设。

第十六条　鼓励传统物流企业逐步向现代物流服务提供商、供应链集成商转变,提供采购执行、物流服务、分销执行、融资结算、报关等一体化服务。鼓励物流企业通过兼并重组、联盟合作等方式进行资源优化整合,提升企业市场竞争力。

第十七条　市、区(市)县人民政府及其有关部门应当依法加快推进物流业绿色低碳发展。物流企业应当在运输、储存、包装、装卸、搬运、流通加工、配送、信息处理等环节降低物流活动对环境的影响。鼓励物流企业加强绿色物流新技术、新设备研发应用,并扩大新能源、清洁能源的应用。

第十八条　市人民政府及其有关部门应当推动物流业与制造业、商贸业、农林牧渔业以及金融业的融合发展。

支持物流企业与制造企业、商贸企业创新协调运营模式,整合对接分散的物流服务能力和资源,实现规模化组织、专业化服务、社会化协同,降低经营和交易成本,提升物流服务质效。鼓励物流企业与商业银行、保险公司、信托公司等金融机构合作,发展仓单质押、存货质押、融资租赁、反向保理等物流金融业务。

第十九条　市人民政府商务、交通运输、发展改革等主管部门应当依托本市特色产业和区位优势,引导油品、矿石、汽车、粮食、木材等大宗商品专业物流发展,补齐设施短板,推进数字化转型,优化物流服务,提升物流供应链组织能力。

第二十条　市人民政府商务、农业农村等主管部门、市邮政管理部门应当推动完善以区(市)县物流节点为核心、乡镇服务网点为支撑、村级末端站点为延伸的县乡村三级物流服务设施体系。鼓励电商、快递等企业主动对接农业企业、农民合作社,扩容升级工业品下乡、农产品出村双向物流服务通道。

第二十一条　市人民政府发展改革、商务等主管部门、市邮政管理部门应当优化以综合物流园区、专业配送中心、末端配送网点为支撑的商贸物流设施网络。鼓励物流企业加快发展共同配送、集中配送、分时配送、夜间配送等集约化配送模式,优化完善前置仓配送、即时配送、网订店取、自助提货等末端配送模式,提升商贸物流服务质效。

第二十二条　市人民政府发展改革、商务等主管部门应当优化冷链物流布局,完善重点产业冷链物流体系,推进建设国家骨干冷链物流基地,推动冷链物流成为本市特色产业。

第二十三条　鼓励物流企业在本市设立总部或者区域总部、营运中心、采购中心、结算中心,开展物流关联业务。鼓励国内外知名航运研究院所、交易服务机构、资格认证机构等航运功能性机构在本市发展。

第二十四条　市人民政府商务主管部门、市邮政管理部门应当推动本市跨境电子商务、国际快递等发展,推进跨境电子商务综合试验区建设。鼓励物流企业开拓国际市场,加强国际交流合作。支持跨国企业在本市建立区域物流集散中心和分拨中心。

第四章　服务和保障

第二十五条　市人民政府应当研究制定相关政策,加大资金扶持力度,支持大连东北亚国际物流中心建设。

鼓励社会资本依法参与大连东北亚国际物流中心建设。

第二十六条　支持物流企业通过发行公司债券、可转换债券、非金融企业债务融资工具、企业债券和上市等多种方式拓宽融资渠道。

鼓励金融机构依法为物流企业提供供应链金融服务,加大对中小物流企业的融资支持。

第二十七条　市人民政府应当统筹安排大连东北亚国际物流中心建设及其配套公共服务设施用地,对物流园区、配送中心等物流业发展用地优先纳入年度土地利用计划和供应计划予以保障。

支持物流企业整合物流用地资源,提高土地利用效率。

第二十八条　市人民政府及其有关部门应当按照各自职责,建立健全物流领域安全生产监督管理体制机制,强化重大物流基础设施安全和信息安全保护,提升物流安全建设能力。

市人民政府应当完善多方参与、协同配合的物流紧急运输体制机制,提升突发事件应对能力。

第二十九条　市人民政府口岸主管部门应当推动海关、出入境边防检查等口岸查验机构采取措施,提高口岸数字化、智慧化服务水平,为物流企业通关便利化提供优质服务。

第三十条　本市鼓励物流企业引进现代物流高级技术、管理人才,按照规定为物流业发展所需人才落户、住房保障、医疗保障、子女就学等方面提供便利。本市建立和完善多层次、多元化物流人才教育培养体系。鼓励职业学校、职业培训机构在智慧物流、航运物流、电子商务物流等领域开设专业课程,培养物流业发展应用型人才。引导高等学校、科研机构、符合条件的物流企业联合建立物流专业培训和实验基地,加强物流领域产学研合作。

第三十一条　市人民政府应当健全大连东北亚国际物流中心建设工作考核制度,对承担物流中心建设职责的有关部门进行考核,推动物流中心建设各项工作开展。

第三十二条　市人民政府应当向市人民代表大会常务委员会报告大连东北亚国际物流中心建设分阶段目标完成情况。

市人民代表大会常务委员会应当适时听取市人民政府关于大连东北亚国际物流中心建设情况的报告,增强监督实效,推动东北亚国际物流中心建设高质量发展。

第五章　附则

第三十三条　本条例自 2024 年 1 月 1 日起施行。